DELIUS KLASING

RALF SCHRÖDER

KREUZFAHRTEN

URLAUB AN BORD

AUF DER

DIE SCHÖNSTEN ZIELE

OSTSEE

DELIUS KLASING VERLAG

Außerdem sind von Ralf Schröder im Delius Klasing Verlag erschienen:

- Die Schiffe der Hurtigruten, Vom Postdampfer zum Erlebnisliner
- Die schönsten Nordland-Kreuzfahrten
- Flusskreuzfahrten auf der Donau, Passau–Wien–Budapest
- Hurtigruten, Polarlicht und Fjorde mit dem Postschiff erleben
- Kreuzfahrt-Guide Hurtigruten, Bergen–Kirkenes

Bibliografische Information der Deutschen Nationalbibliothek
Die Deutsche Nationalbibliothek verzeichnet diese Publikation in der Deutschen Nationalbibliografie; detaillierte bibliografische Daten sind im Internet über http://dnb.dnb.de abrufbar.

2., aktualisierte Auflage
ISBN 978-3-7688-3772-9

Alle Fotos stammen vom Autor bis auf die folgenden Motive:
Schutzumschlag vorn: Mauritius Images/Tsuneo Nakamura
Seite 6/7: Olaf Krüger/ Imagebroker/Corbis
Seite 14/15: Trine Mikkelsen
Seite 20/21: picture alliance/Andreas Franke
Seite 24/25: Mauritius Images/P. Widmann
Seite 36/37: picture alliance/Design Pics
Seite 38/39: Museum für Hamburgische Geschichte, Hamburg
Seite 40 oben: Deutsche Afrika-Linien, Hamburg
Seite 40 unten: Archiv Edition Maritim, Hamburg
Seite 41 und 42: Hamburg-Südamerikanische Dampfschifffahrts-Gesellschaft, Hamburg
Seite 42/43: picture alliance/Hinrich Bäsemann
Seite 44: picture alliance/Photoshot
Seite 54: Archiv Jürgen Klein, Mönchengladbach
Seite 64: Gisle Bjørneby
Seite 64/65: Jallafilm
Seite 66/67: NordicPhotos/LOOK-foto
Seite 76/77: Christian Kober/Robert Harding World Imagery/Corbis
Seite 78/79 und Schutzumschlag hinten unten rechts: picture alliance/
Annet van der Voort/www.bildarchiv-monheim.de
Seite 80/81: Konrad Wothe/LOOK-foto
Seite 81 oben: picture alliance/ZB/euroluftbild.de
Seite 81 unten, 82 oben und 82 unten: Konrad Wothe/LOOK-foto
Seite 83: Hauke Dressler/LOOK-foto
Seite 85: Paul Panayiotou/Paul Panayiotou/Corbis
Seite 94/95: Jörg Larsson/age fotostock Spain S.L./Corbis
Seite 126/127 sowie Schutzumschlag hinten oben Mitte: picture alliance/
Rolf Richardson/Robert Harding Word Imagery
Seite 132/133: Photononstop/LOOK-foto
Seite 134/135 und 136/137: Mauritius Images/age
Seite 141 unten: picture alliance/Bibliographisches Institut/Prof. Dr. H. Wilhelmy
Seite 142/143: Manfred Mehlig/Corbis
Seite 154/155: Mauritius Images/imagebroker/Hartmut Schmidt
hintere Bucheinbanddecke: Nordsveenfoto.no
Schutzumschlaggestaltung und Layout: Gabriele Engel
Karte: INCH 3, Bielefeld
Reproduktionen: scanlitho.teams, Bielefeld
Druck: Kunst- und Werbedruck, Bad Oeynhausen
Printed in Germany 2014

Delius Klasing Verlag, Siekerwall 21, D – 33602 Bielefeld
Tel.: 0521/559-0; Fax: 0521/559-115
E-Mail: info @delius-klasing.de • www.delius-klasing.de

Inhalt

Einleitung

△ Am Abend genießt man noch den Sonnenuntergang auf der Ostsee, am Morgen ist bereits der nächste Hafen erreicht. Hier treffen sich die AIDA BLU und die CINDERELLA in Schweden.

VIKING
CINDERELLA
Cinderella
VIKING LINE

▷ Die Katharinenkirche liegt auf der Insel Södermalm. Sie brannte 1990 aus und wurde 1995 nach dem Wiederaufbau wieder eingeweiht.

Die Ostsee. Das sind friedliche Sandstrände, Segler zwischen dänischen Inseln, Caspar David Friedrichs romantische »Kreidefelsen auf Rügen«, Hansestädte und Backsteingotik, St. Petersburg mit seinen Zarenpalästen, Bernsteinschmuck.
Die Assoziationen sind vielfältig, wenn nach der Ostsee gefragt wird. Oft sind es nur Bruchstücke oder vereinzelte Erinnerungen an Orte oder Geschehnisse. Selten entsteht auf Anhieb ein Bild, das die ganze Ostsee meint, das Mare Balticum, das nordeuropäische Binnenmeer zwischen Kopenhagen und St. Petersburg. Wie verstreute Mosaiksteine liegen die Eindrücke nebeneinander, ohne ein Bild zu ergeben. Erst eine Kreuzfahrt auf der Ostsee fügt diese Mosaiksteine zum Bild eines großartigen Kulturraumes zusammen.
Auch wenn die Wikinger keine Spuren auf dem Wasser hinterlassen haben, so haben sie doch den Ostseeraum entscheidend geprägt – als Händler und Gründer von Städten weit mehr denn als räuberische Krieger. Wer, an Deck eines Kreuzfahrtschiffes stehend, einen der typischen Ostseefischkutter sieht, mag sich vorstellen, wie groß die Handelsschiffe zur Wikingerzeit waren: halb so breit wie der Kutter, etwas länger vielleicht, aber offen! Welch ein Fortschritt müssen die Koggen der Hanse gewesen sein, die ihre kostbare Fracht unter Deck transportieren konnten! Es sind die Jahre von 800 bis 1500, als der Ostseeraum eine erste Blütezeit erlebte.

◁ Spiegelblank liegt die Ostsee da – so haben es die Gäste am liebsten.

△ Helsinki und ▽ Stockholm werden auf nahezu allen Ostseekreuzfahrten angelaufen. Die beiden Hauptstädte sind auch durch mehrere Fährlinien miteinander verbunden.

Schlösser und Prachtbauten zeugen davon, dass auch im Norden große Herrscher, aber auch die reichen Bürger der Hansestädte danach strebten, sich ein Denkmal zu setzen. So viele interessante Metropolen und Hauptstädte wie auf einer Ostseereise werden auf keiner anderen Kreuzfahrt besucht, selbst im Mittelmeer nicht, das nun wahrlich nicht arm ist an bedeutenden historischen Stätten. Ob Schloss Amalienborg in Kopenhagen, die Altstadt von Stockholm, der Dom von Helsinki, die Paläste in St. Petersburg oder die Mauern von Tallinn – jeden Tag wartet eine neue, interessante Stadt auf die Kreuzfahrtgäste, die über Nacht bequem und unterhaltsam reisen. An Land wäre solch eine Rundreise wesentlich zeitaufwendiger – auch unter diesem Gesichtspunkt ist eine Kreuzfahrt die beste Reiseform für alle, die den Ostseeraum als Ganzes kennenlernen möchten.

Kein Wunder also, dass Kreuzfahrten auf der Ostsee boomen: Die Zahl der Schiffe steigt von Jahr zu Jahr, die der Gäste ebenfalls. Neben den rund 50 000 Deutschen, die jedes Jahr auf eine Ostseekreuzfahrt gehen, sind auch zahlreiche internationale Gäste am Mare Balticum interessiert.

△ Egal ob auf der Ostsee oder in der Karibik – Seereisen üben eine ganz besondere Faszination aus, der man sich schwer entziehen kann.

△ Früher wurde die Mündung der Newa von zwei Leuchttürmen markiert, auf denen Feuerkörbe den Schiffen den Weg nach St. Petersburg weisen sollten. Heute befinden sich die beiden Türme im Zentrum der Stadt, weil das Hafengebiet an den Armen des Flussdeltas in Richtung Ostsee wuchs.

▷ Vor Kopenhagen passieren die Kreuzfahrtschiffe den engen Öresund und lassen sich von Land aus gut beobachten.

△ Der Kreuzfahrt-Terminal im Hafen von Rostock-Warnemünde bietet auch den Gästen von großen Kreuzfahrtschiffen eine schnelle Abfertigung.

Alle, die zum ersten Mal im hohen Norden unterwegs sind, sind von den speziellen Lichtverhältnissen fasziniert: Die Mittsommernacht der Skandinavier zieht jeden in ihren Bann. Die Russen nennen dieses Phänomen die »weißen Nächte«, in denen es nicht richtig dunkel wird, und speziell Fotografen wissen das flache Licht zu schätzen, das so wunderbar warme Farben schafft. Dieses Buch will Sie entführen auf eine Bilderreise über die Ostsee. Auch wenn nicht jede schöne Stadt an der Küste des Mare Balticum gezeigt werden kann, so sind doch die prächtigsten und die am häufigsten angelaufenen Häfen vertreten. Es soll anregen – und animieren zu einer Ostseekreuzfahrt: Mit ein wenig Glück warten auf Sie eine sanfte Brise an Deck, die Sonnenuntergänge im Meer und die quirlige Atmosphäre glanzvoller Metropolen.

△ Das Hamlet-Schloss Kronborg liegt im dänischen Fährhafen Helsingør an der schmalsten Stelle des Öresunds.

△ Blick über die Holtenauer Schleusen auf die Kieler Förde

△ Danzigs Innenstadt wurde trotz der Zerstörungen des Zweiten Weltkriegs im alten Stil wiederaufgebaut.

Fakten zur Ostsee

▷ Nach rund vier Stunden Revierfahrt durch die Schären wird vor Stockholm die offene Ostsee erreicht. Einige der kleinen Inseln sind ganzjährig bewohnt, auf anderen stehen Ferienhäuser.

Die Ostsee gilt als Nebenmeer der Nordsee, mit der sie durch Skagerrak, Kattegat und die Belte zwischen den dänischen Inseln verbunden ist. Das 390 000 Quadratkilometer große Binnenmeer ist geologisch gesehen ein relativ junges Meer, das erst im Holozän, also nach der letzten Eiszeit entstand. Um 8000 v. Chr. war die Ostsee noch ein Eisstausee, 5000 v. Chr. ein Binnensee mit Süßwasserfauna. Über mehrere Entwicklungsstufen erreichte das Mare Balticum erst um 600 n. Chr. seine heutige Form. Spektakuläre landschaftliche Höhepunkte wie die Fjorde in Norwegen sucht man rund um die Ostsee vergeblich, aber die eiszeitlichen Gletscher schufen doch eine ausgesprochen abwechslungsreiche Küste mit vielen unterschiedlichen Landschaftsformen.

Wie ein »Stöpsel im Abfluss« liegen die dänischen Inseln zwischen der Ostsee und dem Kattegat. Der kürzeste Weg in die Ostsee und aus ihr heraus führt durch den Öresund. Größere Schiffe wählen jedoch die längere und tiefere Route durch den Großen Belt und den Fehmarnbelt.

Die dänischen Inseln haben etwas Liebliches, Heimeliges, aber Kreuzfahrtgäste bekommen davon nur einen schemenhaften Eindruck. Der einzig bedeutende Kreuzfahrthafen des Inselreichs ist Kopenhagen, nur in seltenen Ausnahmefällen werden auch kleinere Häfen wie Kalundborg angelaufen. So beschränkt sich das Sightseeing der dänischen Küste mit ihren zahlreichen Buchten auf einen flüchtigen Blick über die Reling.

Drei Küstenpassagen locken die Gäste an Deck: die Fahrt durch den Öresund an seiner engsten Stelle zwischen Helsingør und dem schwedischen Helsingborg, wo sich ein schöner Blick auf das direkt am Wasser erbaute Schloss Kronborg ergibt. Auch wenn das Schiff unter der Brücke über den Großen Belt hindurchfährt, sammeln sich die Kreuzfahrtgäste an Deck zum Erinnerungsfoto. Ein seltener Anblick sind die Kreidefelsen von Møn, weil sie oft nachts passiert werden. Wenn die Kreuzfahrtschiffe am Abend Kiel, Rostock oder Kopenhagen als Ausgangshäfen verlassen, ist Møn nur in den hellen Nächten um Mittsommer herum für Nachtschwärmer sichtbar.

◁ Vielfalt der Ostseeküste: Die Landschaftsformen variieren zwischen den Kreidefelsen von Rügen (vorhergehende Doppelseite) und der Inselwelt der Schären vor Stockholm sowie an der finnischen Küste bei Turku.

△ Zum 300-jährigen Stadtjubiläum im Jahre 2003 wurde St. Petersburg prächtig herausgeputzt. Seitdem erstrahlen die Paläste und Kirchen wieder in altem Glanz wie zur Zarenzeit.

△ **Der Norden Gotlands ist von einsamen Kieselstränden gesäumt. Fast jeder Bauernhof hat eine eigene Fischerhütte am Strand.**

Die gegenüberliegenden Kreidefelsen von Rügen hingegen sind bei einigen Reedereien fest in den Fahrplan integriert. So bieten die Aida-Clubschiffe am Abend vor der Rückkehr nach Rostock eine Panoramafahrt entlang der Steilküste von Rügen. Dagegen erschließt sich die Boddenküste Mecklenburg-Vorpommerns von Bord aus kaum – zu flach ist das Wasser dort.

Die Hansestadt Stralsund steht nur in den Programmen von Flusskreuzfahrt-Reedereien, die eine Route von Berlin nach Stralsund über die Oder, das Stettiner Haff, das Usedomer Achterwasser und den Greifswalder Bodden anbieten. Mit einem Hochseeschiff ist diese Passage nicht möglich.

Anders sieht es mit der Nehrungs- und Haffküste zwischen Danzig und Klaipeda aus. Die Halbinsel Hel ist beim Ein- und Auslaufen von Gdynia zu erkennen, das als Kreuzfahrthafen für Danzig dient. Die Kurische Nehrung mit ihren endlos erscheinenden Sandstränden und den hohen Dünen ist ein beliebtes Ziel für Landausflüge vom aufstrebenden Hafen Klaipeda aus. Das einstige Memel wird dank neuer Kaianlagen zunehmend auch von größeren Kreuzfahrtschiffen angelaufen.

Zu den Landschaftsformen, die vom Schiff aus gut zu erkennen sind, gehört auch die Moränenkliffküste der schwedischen Insel Gotland. Da die meisten Schiffe vor Visby auf Reede liegen, hat man von Deck einen schönen Blick auf die Steilküste. Welches Gestein auf Gotland vorherrscht, zeigen die historischen Gebäude in Visby: Die Kirchen wurden wie die Stadtmauer mit ihren Türmen aus hellem Kalkstein erbaut.

Was auf den Nordlandkreuzfahrten der Besuch der Fjorde, ist auf den Ostseereisen die Revierfahrt durch die Schären. So nennt man die Granitkuppen und Inseln, die die schwedische Ostküste zwischen Karlskrona und Stockholm säumen, die Åland-Inseln bilden und sich an der finnischen Küste rund um die Häfen Turku und Helsinki fortsetzen. Die längste Revierfahrt mit rund vier Stunden durch die Inselwelt kann Stockholm vorweisen. Die größeren Inseln sind bewohnt, teilweise sogar ganzjährig, auf den kleineren Inseln stehen Ferienhäuser, jedes mit einem eigenen Bootsanleger. Damit die Kapitäne sich im Gewirr der 24 000 zu Stockholm gehörenden Schären nicht verfahren, besteht Lotsenpflicht.

Die Ostsee weist eine mittlere Tiefe von 55 Metern auf, an der tiefsten Stelle im Landsorttief nördlich von Gotland sind es jedoch 459 Meter. Damit ist die Ostsee im Schnitt ein relativ flaches Meer, was vor allem der modernen Schifffahrt gelegentlich Probleme bereitet. Besonders schnelle Fährschiffe benötigen tiefes Wasser, um ihre Vorteile ausspielen zu können. Ist das Wasser zu flach, entsteht ein Saugeffekt, der sie an schneller Fahrt hindert. Gleichzeitig führt das flache Wasser an einigen Stellen zu Nadelöhren für die Schifffahrt. So ist die rund 60 Kilometer lange und nur etwa einen Kilometer breite Kadetrinne zwischen der dänischen Insel Falster und dem mecklenburgischen Darß ein solcher Engpass. Bei einer Tiefe von 17 Metern steht großen Schiffen ein sehr schmales Fahrwasser zur Verfügung, nur kleinere Schiffe können in das rund elf Meter tiefe Wasser neben der Kadetrinne ausweichen. Neben dem Ärmelkanal zwischen England und Frankreich gilt die Kadetrinne aufgrund des hohen Verkehrsaufkommens als eine der gefährlichsten Wasserstraßen Europas. Eine Lotsenpflicht wird seit Langem von Umweltschutzorganisationen und Politikern gefordert, wurde bisher aber noch nicht verwirklicht.

▽ Badeurlauber sehen an den Stränden der Kieler Förde regelmäßig Kreuzfahrtschiffe wie die EUROPA.

◁ Sonnenuntergang über dem Öresund, nachdem das Schiff am Abend Kopenhagen verlassen hat.

▷ Ausruhen nach dem Landausflug: Die AIDA CARA liegt vor der gotländischen Steilküste auf Reede.

STAR PRINCESS

Eine Kreuzfahrt auf der Ostsee

▷ Beim Boarding ist etwas Geduld nötig, denn alle Bordkarten müssen kontrolliert werden, damit keine Unbefugten an Bord kommen.

▷ ▷ Immer schön die Nummer des Busses merken! Auf den Landausflügen achten die Reiseleiter darauf, dass kein Gast verloren geht.

Die laue Abendluft enthält eine Prise Salz, das schmecke ich genau. Die Fleecejacke habe ich mir um die Hüften gebunden, noch ist es warm genug, um in kurzen Ärmeln an Deck zu stehen und das Auslaufen zu beobachten. Viele Gäste haben sich hier oben auf dem Sonnendeck der COSTA ATLANTICA eingefunden, um das Ablegen des 292 Meter langen Kreuzfahrtschiffs aus dem Kopenhagener Freihafen zu beobachten. Das italienische Schiff bietet maximal 2680 Gästen Platz, doch solche Zahlen sind eher theoretischer Natur, denn nicht alle Kabinen sind ständig belegt. Die verschiedensten Sprachen umschwirren mich. Viele Italiener sind an Bord, Spanier, eine kleine Gruppe Brasilianer, aber auch eine erkleckliche Zahl deutscher Gäste mag die internationale Atmosphäre. Alle Ansagen erfolgen in fünf Sprachen, glücklicherweise sind sie meist kurz gehalten.

Dank der Seitenstrahlruder dreht das große Schiff auf kleinstem Raum, bis der Bug gen Öresund zeigt. Überrascht registriere ich, dass die COSTA ATLANTICA nach Norden abdreht, nicht unter der Öresundbrücke hindurch Richtung Stockholm läuft, sondern der Küste der dänischen Insel Seeland nordwärts folgt. Seeland wird nachts umrundet, und gegen Mitternacht kommt die Autobrücke über den Großen Belt in Sicht. Blitzlichter leuchten auf, jeder will ein Foto machen. Das Queren der Vogelfluglinie zwischen Puttgarden und Rødby mitten in der Nacht verschlafe ich.

Es folgt ein Seetag, an dem vormittags die obligatorische Sicherheitsübung stattfindet. Kreuzfahrtneulinge sind beeindruckt, dass wirklich alle Passagiere mit der Schwimmweste zu den Rettungsbooten kommen, erfahrene Kreuzfahrtgäste warten gelangweilt, bis die mehrsprachigen Erläuterungen zum Gebrauch der Schwimmwesten vorüber sind. Seetage dienen dazu, den Passagieren Zeit zu geben, das Schiff und seine vielfältigen Einrichtungen kennenzulernen.

◁ Shuffleboard ist eines der Freizeitvergnügen, die an Bord eines Kreuzfahrtschiffes nicht fehlen dürfen.

△ **In jedem Hafen warten die Busse am Kai schon auf die Gäste, die einen Landausflug gebucht haben.**

Stockholm glänzt mit einer wunderbaren Einfahrt durch die Schären. Morgens um halb fünf bin ich nicht der Einzige an Deck, der die Fahrt durch die Inselwelt erleben möchte. Rot steigt die Sonne über dem Horizont auf, durchbricht den Morgendunst, der über dem Wasser schwebt. Die gelbe Autofähre, die das Festland mit einer Insel verbindet, sieht winzig aus von Deck 15. Bis das Frühstück serviert wird, bleibt genug Zeit, sich noch für ein Stündchen aufs Ohr zu legen. Die Ankunft ist schließlich erst um neun Uhr.
Stockholm präsentiert sich leider von seiner feuchten Seite, erst am Nachmittag, kurz vor dem Auslaufen, klart es auf. Zu dritt gleiten wir im Konvoi durch die schmalen Inselpassagen der schwedischen Hauptstadt: Vor und hinter uns fährt jeweils eines der großen Fährschiffe, die Stockholm und Helsinki verbinden. Welch prachtvoller Anblick, drei solch große Pötte hintereinander!

Strahlender Sonnenschein und hochsommerliche Temperaturen machen mir die finnische Hauptstadt Helsinki auf Anhieb sympathisch. Nach einem Blick auf den Stadtplan verzichte ich auf den organisierten Landausflug und gehe zu Fuß durch das Hafengebiet und vorbei an einem Werftgelände in die Stadt. Zwischen 50 und 120 Euro pro Person kostet die Teilnahme an einem Landausflug, das summiert sich selbst bei einer nur einwöchigen Reise ziemlich schnell zu stattlichen Beträgen – unabhängig davon, mit welcher Reederei und in welchem Fahrtgebiet man unterwegs ist.
St. Petersburg ist für die meisten Gäste der Höhepunkt der Kreuzfahrt. Berth 33 steht an dem Anleger, auf dem Kai steht Bus an Bus. Bei 70 Fahrzeugen höre ich auf zu zählen, und es kommen immer noch mehr Busse angerollt. Eine Rentnerband mit Sowjet-Charme spielt vor dem Zollgebäude »When the Saints Go Marching In«. Meinen sie die

◁ **Je nach Größe des Speisesaals wird auf Kreuzfahrtschiffen in einer oder in zwei Sitzungen zu Abend gegessen. Wünsche können oft bereits bei der Buchung angegeben werden.**

◁ Kleinere Kreuzfahrtschiffe dürfen in Helsinki im Zentrum festmachen. So erleben die Gäste die vorgelagerten Inseln ganz aus der Nähe.

Zollbeamten oder uns? Die Grenzabfertigung ist problemlos und absolut korrekt – was vom abendlichen Boarding nicht behauptet werden kann. Während die russischen Grenzer die über 70 Busse, die fast gleichzeitig zurück zum Schiff kommen, zügig und ohne übermäßige Wartezeit abfertigen, hat die Schiffsbesatzung die Situation nicht im Griff. Über nur eine Gangway sollen rund 2000 Gäste auf das Schiff gelangen, nur zwei Leute machen die Sicherheitskontrolle. Es staut sich auf dem Kai so sehr, dass die italienischen Gäste ein gellendes Pfeifkonzert beginnen. Selten zeigen sich die Nachteile von großen Kreuzfahrtschiffen so deutlich wie in dieser Situation.

An Bord jedoch verläuft sich die Menschenmenge, es wirkt hier nicht voll, nicht eng. Im Gegenteil, die Megaliner von der Größe der COSTA ATLANTICA sind geradezu weitläufig. Und solch ein Angebot an Pools, Bars und Restaurants gibt es natürlich auch nur auf großen, neuen Schiffen.

Den folgenden Seetag genieße ich auf dem Balkon meiner Kabine. Welch ein Unterschied zu den Bullaugen des Küstenmotorschiffes, auf dem ich nach der Schulzeit gearbeitet habe! Welch ein Luxus, auf einem Schiff abends die Tür zur See öffnen zu können, hinauszutreten und mit einem Glas guten Wein in der Hand den hellen nordischen Abendhimmel einzuatmen. Es ist Mitternacht und noch immer nicht richtig dunkel – die Ostsee zeigt sich von ihrer schönsten Seite.

△ Tallinn glänzt mit seinem historischen Stadtbild. Der Weg vom Anleger bis zum Marktplatz im Zentrum ist kurz.

◁ Balkonkabinen wie hier auf der SILVER WHISPER erfreuen sich bei allen Reedereien großer Beliebtheit. So kann man die Fahrt durch die Inselwelt vom eigenen Balkon aus erleben.

22
21
20
19
18
17
16
15

△ Die Altstadt Stockholms gehört zu den besterhaltenen historischen Stadtkernen Europas.

Von Wikingern und hanseatischen Kaufleuten

▷ Die UBENA der Deutschen Afrika-Linien wurde 1929 bei Blohm & Voss in Hamburg gebaut. Sie war überwiegend im Liniendienst zwischen Hamburg, Kapstadt und Durban im Einsatz. Die Kreuzfahrt auf der Ostsee ▽ war nur eine Ausnahme. Das Schiff musste 1945 an Großbritannien abgegeben werden.

Die Hamburg-Süd schickte im Juli 1931 die CAP POLONIO (vorhergehende Doppelseite) von Hamburg aus auf die Reise in den Norden und nach Leningrad △. Es sollte die letzte Kreuzfahrt für das schmucke Schiff sein, das 1914 bei Blohm & Voss in Hamburg gebaut wurde. Die CAP POLONIO wurde sowohl im Liniendienst als auch für Kreuzfahrten eingesetzt. 1936 musste das Schiff abgewrackt werden.

In welche kulturgeschichtliche Epoche man auch schaut, die Ostsee präsentiert sich vornehmlich als Meer des Handels. Funde in frühzeitlichen Siedlungen wie Haithabu bei Schleswig oder in Birka, der Vorläuferin Stockholms, belegen, dass schon im 7. und 8. Jahrhundert bedeutende Wirtschaftswege über die Ostsee führten. Von den Rheinlanden wurden Waren über die Ostsee und ihre Flüsse bis nach Konstantinopel, dem heutigen Istanbul, verfrachtet. Eine zentrale Position auf dieser Handelsroute nahm die Insel Gotland ein.

Als Beginn der Wikingerzeit bestimmen viele Forscher das Jahr 793, als dänische Wikinger das englische Kloster Lindisfarne überfielen. Das Ende der Epoche markiert die Schlacht von Hastings 1066. Diese Daten zeigen schon, dass die Wikingerzeit vor allem über die kriegerischen Handlungen der norwegischen und dänischen Wikinger gegen ihre westlichen Nachbarn definiert wird. Im Ostseeraum ging es ruhiger zu.

Die schwedischen Wikinger, auch »Waräger« genannt, waren nach Osten orientiert. Sie beherrschten den Handel auf der Ostsee und ab 800 auch auf den Flüssen durch Russland. Zwei Routen wurden von der Ostsee aus benutzt: Von der Rigaer Bucht über die Düna und den Dnjepr zum Schwarzen Meer und weiter nach Konstantinopel war der eine Weg. Der zweite führte über den Ladogasee und die Wolga zum Kaspischen Meer, von wo die Wikinger Handelsbeziehungen bis nach Bagdad unterhielten. Dort, wo keine Flüsse oder Seen genutzt werden konnten, wurden die Schiffe auf Baumstämmen über Land gerollt. Der Einfluss der Nordmänner war groß: Kiew beispielsweise wurde als befestigter Handelsstützpunkt der Wikinger gegründet. Ganz friedlich verlief die Expansion in den Osten allerdings nicht: Die Waräger unterwarfen die ansässigen slawischen und finnischen Stämme. Die Slawen nannten die fremden Besatzer aus dem Norden »Rus« – so entstand der Name Russland.

△ Die CAP POLONIO war von 1928 bis 1931 jedes Jahr einmal in der Ostsee unterwegs.

▷ Birka gilt als Vorläuferin Stockholms und kann auf Landausflügen besucht werden. Am Anleger hat die WILHELM THAM von 1912 festgemacht, die über den Göta-Kanal zwischen Stockholm und Göteborg verkehrt.

Bis etwa 1050 ist ein intensiver Handel zwischen Schweden und der arabischen Welt über die Ostsee und die russischen Flüsse nachweisbar, unter anderem durch zahlreiche Münzfunde auf Gotland, die im Museum von Visby zu besichtigen sind. Erst die Kreuzzüge im 11. Jahrhundert hatten zur Folge, dass Handel mit der arabischen Welt wieder vermehrt über das Mittelmeer abgewickelt wurde, der langwierige Weg über die Ostsee verlor an Bedeutung. Nahezu zeitgleich endeten die Eroberungszüge der Wikinger im Westen und die Handelsreisen im Osten.

Rund 100 Jahre später begann mit der Hansezeit eine neue Epoche wirtschaftlicher Blüte für den Ostseeraum. Heinrich der Löwe, Herzog von Braunschweig, hatte 1159 Lübeck gegründet, weil er sich Steuereinnahmen aus dem Ostseehandel erhoffte. Noch immer stand Gotland im Mittelpunkt des Interesses der Händler. Bereits 1161 stattete Heinrich der Löwe die Lübecker Gotlandfahrer mit Privilegien aus. Aus diesem Bund der nach Gotland fahrenden Kaufleute zu Lübeck entstand die Hanse.

Rund 350 Jahre hat die Hanse nicht nur den Handel auf Ost- und Nordsee dominiert, sondern stieg auch zu einer politischen und militärischen Macht auf. Zwei Umstände waren wesentlich für den Erfolg der hansischen Kaufleute: Mit einem neuen Schiffstyp, den Koggen, konnte deutlich mehr Fracht befördert werden als mit den Langschiffen der Wikinger, der Handel wurde effektiver. Der zweite Grund ist nicht in Lübeck, sondern in Lüneburg zu finden: Die dortigen Salzstöcke waren die größten Europas und Salz ein begehrtes Konservierungsmittel. Etwa die Hälfte des Lüneburger Salzes wurde über die Lübecker Handelskontore verkauft. Das »weiße Gold« machte die Händler reich.

Neben Lübeck war Gotland die zweite Keimzelle der Hanse. Aber die Lübecker Kaufleute waren cleverer als die Gotländer, sie übernahmen die Führungsrolle und bauten die Hanse zu einem mächtigen Städtebund aus, dem zu besten Zeiten 70 Städte mit Vollmitgliedschaft angehörten. Hinzu kamen viele nicht stimmberechtigte Orte und die Kontore, also Handelsniederlassungen, wie man sie in London, Bergen und Nowgorod unterhielt.

WILHELM THAM

◁ **Das Heck der VASA zeigt heute nichts mehr von der ursprünglich leuchtend bunten Bemalung, ist aber dennoch nach wie vor beeindruckend.**

Auf einer Kreuzfahrt durch die Ostsee lässt sich in einigen Städten noch vieles aus Wikinger- und Hansezeit entdecken. Manche Reedereien bieten in Stockholm Landausflüge nach Birka an, der Vorläuferin der schwedischen Hauptstadt. In Birka und auf Gotland entsteht zumindest ein ungefährer Eindruck von den vielfältigen Handelsbeziehungen der Wikinger. Die Geschichte der Hanse ist natürlich in den deutschen Hanse- und Hafenstädten Lübeck und Rostock noch in vielen Bauwerken zu erkennen, aber auch in Visby, Stockholm, Danzig und Riga. Erst im 16. Jahrhundert verlor die Hanse wieder ihre Macht, ihr Kontor in Nowgorod schloss sie 1494, den Stalhof in London 1598.

Die Ostsee war nicht immer nur ein friedliches Handelsmeer, sondern auch Schauplatz erbitterter Seeschlachten. So schickte der Schwedenkönig Gustav II. Adolf seine Truppen über die Ostsee in den Dreißigjährigen Krieg (1618 bis 1648). Mit dem Westfälischen Frieden von 1648 stieg Schweden endgültig zur europäischen Großmacht auf. Ein Zeugnis der beginnenden schwedischen Großmachtzeit ist das königliche Flaggschiff VASA von 1628, das in Stockholm in einem eigenen Museum nahezu vollständig erhalten besichtigt werden kann.

Mit dem Aufstieg des russischen Reiches drängten die Zaren auf einen Zugang zur Ostsee. 1703 ließ Zar Peter I. eine Festung in der Mündung der Newa errichten, schnell entstand eine Stadt. Schon 1712 verlegte der Zar den Regierungssitz von Moskau in das neu gegründete St. Petersburg. Die prachtvolle Stadt mit ihren Adelsbauten aus dem 18. Jahrhundert fehlt heute auf keiner Ostseekreuzfahrt. St. Petersburg ist sogar der meistbesuchte Kreuzfahrthafen Nordeuropas.

Die erste »echte« Kreuzfahrt auf der Ostsee hat vermutlich das Hapag-Schiff PRINZESSIN VICTORIA LUISE im August 1901 durchgeführt. 22 Tage war das ein Jahr zuvor in Dienst gestellte Schiff unterwegs, und sieben Häfen wurden angelaufen. Die PRINZESSIN VICTORIA LUISE war das erste ausschließlich für Luxuskreuzfahrten gebaute Schiff der Welt. Auf knapp 136 Meter Länge und gut 14 Meter Breite konnten 192 Passagiere in 121 Kabinen unterkommen.

Die Ostsee stand zu Beginn der Kreuzfahrtära nicht im Mittelpunkt, weit häufiger wurden das Mittelmeer und die norwegischen Fjorde samt Nordkap besucht. Die Popularität der Nordlandkreuzfahrten dürfte der Nordlandschwärmerei von Kaiser Wilhelm II. geschuldet sein – Prominente waren schon damals gut für das Geschäft. Bis in die 1930er-Jahre findet sich aber auch die Ostsee regelmäßig in den Fahrplänen der Kreuzfahrtreedereien, allen voran die Hapag.

Der Kalte Krieg machte die Ostsee nach dem Zweiten Weltkrieg zu einem geteilten Meer, die meisten Kreuzfahrten beschränkten sich auf die westlichen Häfen. Mit der Auflösung der Blöcke ist auch die Ostsee geeint, sodass seit 1990 die Zahl der Ostseekreuzfahrten jedes Jahr kontinuierlich steigt.

Die Mittelalterwoche auf Gotland

Harte, metallische Geräusche hallen durch die Gassen von Visby, Pferdehufe klappern auf dem Kopfsteinpflaster, Rüstungen scheppern – König Valdemar Atterdag zieht mit seinem Tross durch die mittelalterliche Stadt zum Stora Torget, dem »Großen Platz«. Ein Thron steht für den Dänenkönig bereit, vor dem die Bürger Visbys ihre Schätze niederlegen. Jahr für Jahr wiederholt sich das Trauma der gotländischen Geschichte: die Eroberung der Insel durch Valdemar Atterdag und seine Söldnertruppen. Die Mittelalterwoche in der zweiten Augustwoche ist für Visby wie eine Zeitreise, an der die meisten Einheimischen und viele Besucher teilnehmen.

Man schrieb das Jahr 1361. Gotland war auf dem Höhepunkt seiner wirtschaftlichen Entwicklung. Zwar gehörte die Insel formal zu Schweden, doch die Inselbewohner hatten sich eine weitgehende Selbstständigkeit bewahren können. Gotland war im Übrigen reich, und das hatte viele Begehrlichkeiten geweckt. Die Lübecker Kaufleute hatten eine starke Position in Visby erlangt, redeten im Rat der Stadt ein gewichtiges Wort mit. Den Städtern waren die Handel treibenden Bauern der Insel ein Dorn im Auge. Im Jahre 1288 war es bereits zum Bürgerkrieg zwischen den gotländischen Bauern und Visby gekommen, und die hohe Stadtmauer hatte Visby nicht gegen äußere Feinde errichtet, sondern gegen die Bauern der umliegenden Dörfer.

◁ **Die Mittelalterwoche auf Gotland wird am Pulverturm der Stadtmauer von Visby vom Bürgermeister im historischen Gewand eröffnet.**

Als der schwedische König Magnus Ladulås in Auseinandersetzungen mit dem heimischen Adel verstrickt war, witterte der dänische König Valdemar Atterdag seine Chance. Der dänische Herrscher sah mit Unbehagen, wie ihm die Hanse den Ostseeraum streitig machte. Am 22. Juli 1361 landete er mit einem Söldnerheer bei Fröjel an der Westküste Gotlands. Das eilig zusammengerufene Bauernheer schlugen die Dänen in mehreren Schlachten. Die letzte und blutigste fand nur 100 Meter vor den Toren Visbys statt. Ein Steinkreuz erinnert an die vernichtend geschlagenen Bauern. Die Bürger Visbys standen auf den Mauern und schauten dem Gemetzel zu, die Tore der Stadt blieben geschlossen – niemand eilte den Bauern zu Hilfe. Auch mehr als 70 Jahre nach dem Bürgerkrieg waren die Fronten zwischen Bauern und Städtern verhärtet. Visby musste sich dem Dänenkönig anschließend kampflos ergeben und erkaufte sich die Unversehrtheit von Bürgern und Gebäuden durch eine hohe Lösegeldzahlung.

Diese Situation wird alljährlich in Visby nachgespielt und bildet einen der Höhepunkte der Mittelalterwoche. Die hohen Stadtmauern, die Kirchenruinen und die historischen Gebäude der Innenstadt bilden einen prächtigen Rahmen für dieses Spektakel, an dem die gesamte Bevölkerung teilnimmt. Volkshochschulen bieten Kurse an, in denen man erfährt, wie sich die Menschen im Mittelalter kleideten, und in Restaurants wie dem »Clematiskrogen« kann man mittelalterlich speisen. Es sind aber nicht nur die Einheimischen, die zeittypisch gekleidet das Straßenbild prägen. Mittelalter-Fans aus ganz Europa kommen nach Visby, um hier eine Woche lang ein Stück Mittelalter zu leben. Viele von ihnen sind Handwerker, die im Park Almedalen ihre Waren anbieten. Da gibt es geschmiedete Pfeilspitzen, Lederwaren und Schmuck, aber auch komplette Bögen und hochwertige Schwerter zu kaufen. Die Regie – in Form der Stadtverwaltung – greift nur dezent in das Geschehen ein. Einzelne Veranstaltungen sind im Rahmen der Festwoche arrangiert, manches wird aber auch spontan von Bürgern und Besuchern gestaltet.

Visby präsentiert sich durch und durch mittelalterlich während der Festwoche. Auf dem Markt kann sich jedermann im Zuber schrubben lassen ◁◁, und viele Händler suchen einen Platz für ihren Stand ▽. Am Strand wird Theater unter freiem Himmel geboten ◁.

▷ **Die Hanse nahm Ende des 12. Jahrhunderts ihren Ausgangspunkt in Lübeck als Bund der nach Gotland reisenden Kaufleute. Damals war Gotland reicher als Lübeck, was sich jedoch bald änderte.**

Die Eröffnung der Mittelalterwoche findet traditionell im Beisein von Bürgermeistern anderer Hanse- und Partnerstädte statt. Von der Brüstung des Pulverturmes wird ein Grußwort gesprochen – und wie selbstverständlich erscheinen auch die Gäste alle in mittelalterlicher Kleidung. Die Ritterspiele vor den Toren der Stadtmauer sind straff organisiert. Das geht kaum anders, denn aufgrund des großen Zuspruchs müssen Tribünen und Absperrungen errichtet werden. Ironie der Geschichte: Längst sind es die Bauern von Gotland, die die Rolle der Ritter übernommen haben. Sie haben – im Gegensatz zu den Bürgern von Visby – genügend Pferde, um die Reiterschar stellen zu können.
Das Treiben in den Gassen der Altstadt hingegen ist nur wenigen Spielregeln unterworfen. Da kann es schon mal sein, dass ein Trupp marodierender dänischer Soldaten in Kettenhemden martialisch durch die Menge schreitet und sich lautstark Platz schafft – und zwar unabhängig davon, ob die Menschen auf der Straße verkleidete Einheimische sind oder Touristen, die nur zufällig in das Spektakel gerieten. Zu den Spielregeln gehört auch, dass nur Händler zugelassen werden, deren Produkte möglichst zeittypisch sind – Ramsch hat hier keinen Platz.
Doch ansonsten darf jeder die Rolle seines Lebens spielen. Da trottet ein von Ruß und Schmutz geschwärzter, in Lumpen gehüllter Bettler durch die Stadt, dass man zurückweicht aus Furcht, er könne Pest oder Lepra haben. Und die beiden Jungs in ländlicher Tracht haben die letzte Nacht unter einer der Brücken verbracht, die den Graben der Stadtmauer überspannen. Kein Regisseur verteilt hier die Rollen, jeder schreibt sein persönliches Drehbuch, und fast alle haben sich mit der Geschichte Visbys und der Eroberung durch Valdemar Atterdag 1361 intensiv beschäftigt. Als Tourist in Gegenwartskleidung kommt man sich fast ein wenig deplatziert vor – man ist nur Zuschauer in einem Spiel, in dem man auch Akteur sein könnte.

KARSTADT
BÜLK
BÜLK

Fähren – Arbeitstiere der Meere

△ Schon früh wurden Fähren auch touristisch genutzt: Diese Bahn- und Schiffsrundreise führte 1907 mit der Dampffähre Warnemünde–Gedser nach Kopenhagen. Auf der Rückreise fuhr man mit dem Postdampfer von Korsør nach Kiel und weiter mit der Bahn über Hamburg nach Berlin zurück.

▷ Die CINDERELLA von Viking Line führt täglich Mini-Kreuzfahrten von Stockholm nach Mariehamn auf den Åland-Inseln durch. Die dahinter fahrende BIRGER JARL der Ånedin-Linjen ist baugleich mit den norwegischen Hurtigruten-Schiffen der 1960er-Jahre.

Fährverkehre auf der Ostsee hat es eigentlich schon immer gegeben, wenn man eine weite Definition gelten lässt: Nämlich dass Menschen gegen Entgelt per Schiff von einem Land zum anderen reisen. Doch von einer Fährlinie spricht man erst dann, wenn ein regelmäßiger Fahrplan eingehalten wird. In diesem Sinne sind monatlich oder wöchentlich wiederkehrende Reisen, wie sie insbesondere für den Transport von Post eingerichtet wurden, sicher die Vorläufer der heutigen Fähren. Ein Fährverkehr im eigentlichen Sinn entstand aber erst mit dem Aufkommen von Massenverkehrsmitteln.

Die Eisenbahnen machten das Reisen für breite Schichten der Bevölkerung möglich, und Hafenstädte, die über einen Bahnanschluss verfügten, waren ideale Ausgangspunkte. Die ersten Fährverbindungen der Ostsee entstanden Ende des 19. Jahrhunderts als Postschifflinien, die auch Passagiere mitnahmen. In Deutschland sind vor allem zwei Routen erwähnenswert: die Verbindung von

Rostock ins dänische Gedser und die sogenannte Königslinie von Sassnitz auf Rügen nach Trelleborg in Schweden.

Am 19. Mai 1873 wurde die Postdampferverbindung zwischen Rostock und Nykøbing eröffnet, die zunächst nur in den Monaten April bis September betrieben wurde. Die Voraussetzungen für ganzjährigen Betrieb waren 1886 erfüllt, als auf deutscher Seite die Bahnlinie von Berlin nach Neustrelitz bis Warnemünde verlängert wurde. Auf dänischer Seite hatte man die Bahnanbindung von Nykøbing bis Gedser geführt, sodass die neue Fährverbindung von Warnemünde nach Gedser mit 24 Seemeilen zwölf Seemeilen kürzer war als die zuvor betriebene Route.

Im Jahre 1900 kamen der Mecklenburgische Landtag und der Dänische Reichstag zu dem Beschluss, dass die Route zur Eisenbahn-Fährverbindung ausgebaut werden sollte. Drei Jahre später rollten die ersten Züge auf die eigens für diese Strecke gebauten Fährschiffe PRINSESSE ALEXANDRINE und FRIEDRICH FRANZ IV. Die Eröffnung am 30. September 1903 fand im Beisein des dänischen Königs Christian IX. und des mecklenburgischen Großherzogs Friedrich Franz IV. statt. Bereits im ersten Betriebsjahr wurden 79 373 Passagiere befördert. 1926 war erstmals auch die Beförderung von Automobilen möglich, als das neue Fährschiff SCHWERIN in Dienst gestellt wurde.

Im Schweden-Verkehr wurde 1897 eine Postdampferlinie von Sassnitz auf Rügen nach Trelleborg eröffnet. Der Vertrag zwischen Preußen und Schweden hatte eine tägliche Abfahrt je Richtung vorgesehen, bei der jeweils ein Anschluss an die Schnellzüge nach Stockholm und Berlin gewährleistet sein sollte. Doch das Verkehrsaufkommen stieg schneller als erwartet, die Kapazität reichte nicht aus. Es sollte bis 1909 dauern, bis der Eisenbahn-Fährverkehr aufgenommen werden konnte. Kaiser Wilhelm II. und sein schwedischer Kollege Gustav V. eröffneten die sogenannte Königslinie, auf der zwei baugleiche Eisenbahnfähren zum Einsatz kamen.

Mit dem Bau des Rügendammes 1936 fiel die Fährüberfahrt zwischen Stralsund und Altefähr auf Rügen weg. Dadurch stieg die Transportkapazität auf der Route von Sassnitz nach Trelleborg. Nach dem Zweiten Weltkrieg wurde die Fährverbindung 1948 wieder aufgenommen. Zum 50-jährigen Bestehen der Strecke kam mit der TRELLEBORG erstmals ein Fährschiff mit vier Bahngleisen und einem separaten Autodeck zum Einsatz. Doch was nützt die größte Transportkapazität, wenn die Reisefreiheit eingeschränkt ist?

Politisch motiviert war die Eröffnung der sogenannten Vogelfluglinie. Schleswig-Holstein verfügte in den 1950er-Jahren über keinen nennenswerten Fährhafen.

Als westliche Alternative zur Route Warnemünde–Gedser wurde 1951 eine Verbindung zwischen Großenbrode am äußersten Zipfel Ostholsteins und Gedser eingerichtet. Zunächst wurde die Route mit einem dänischen Fährschiff betrieben, 1953 folgte das erste deutsche Schiff. 1958 fiel der Beschluss, die Vogelfluglinie zu verkürzen, es begannen die Bauarbeiten an den Fährhäfen Puttgarden auf der Insel Fehmarn und dem dänischen Rødby sowie an der Fehmarnsundbrücke. Am 14. Mai 1963 wurde die neue Fährverbindung eingeweiht. Bereits im ersten Jahr nutzen zwei Millionen Passagiere die Vogelfluglinie, 1977 wird die Marke von 50 Millionen Gästen überschritten, bis 1988 haben 100 Millionen Passagiere die Vogelfluglinie benutzt, die damit eine der wichtigsten Fährverbindungen im Ostseeraum ist.

Mit dem Durchbruch des Autos als individuelles Verkehrsmittel entstehen Ende der 1950er- und Anfang der 1960er-Jahre viele neue Fährverbindungen, vor allem über längere Strecken. Der norwegische Reeder Anders Jahre macht Kiel zum Fährhafen, indem er 1961 eine Direktverbindung zwischen Kiel und Oslo eröffnet. Ein Jahr später folgt Stena Line mit der Route von Kiel nach Göteborg. Auch Travemünde bei Lübeck entwickelt sich zum Fährhafen, hier startet die TT-Line am 28. März 1962 ihre Route ins schwedische Trelleborg.

Die Entwicklung ist rasant, im Laufe weniger Jahre verdoppeln und verdreifachen sich die Passagier- und Frachtkapazitäten, nicht nur auf den Kurz-, sondern auch auf den Langstrecken. Dort kommt es zu ersten Berührungspunkten zwischen Fähr- und Kreuzfahrtschiffen: Die PRINSESSE RAGNHILD der Jahre Line, die 1965 als zweites Schiff auf der Strecke von Kiel nach Oslo zum Einsatz kommt, ist sowohl für den Fährverkehr als auch für Kreuzfahrten ausgelegt. Hierdurch sollte das Problem gelöst werden, dass im Sommer die Kapazität nur eines Schiffes nicht ausreicht, im Winter aber zwei Schiffe nicht ausgelastet sind. So geht die PRINSESSE RAGNHILD im Winter auf Kreuzfahrt ins Mittelmeer.

Immer weniger Fährschiffe können noch Züge an Bord nehmen, während die Automobilisierung immer größere Autodecks auf den Fährschiffen nötig macht. Dazu verlagert sich der Frachtverkehr von der Bahn auf die Straße, auch die Lastwagen benötigen Platz. Doch je größer die Fährschiffe werden, umso drängender stellt sich die Frage, wie man in Zeiten schwacher Auslastung – also im Winterhalbjahr – mehr Gäste an Bord bekommt. In den 1970er- und 1980er-Jahren beginnt die große Zeit der »Partydampfer«. Feste und Feiern an Bord sollen Passagiere anlocken, die das Erlebnis einer Schiffsreise mit einer durchtanzten Nacht verbinden.

▽ Die Reederei Destination Gotland verbindet Visby mit dem schwedischen Festland. Zum Einsatz kommen schnelle Fähren konventioneller Bauart.

△ Selbst die großen Fährschiffe können den weißen Dom von Helsinki nicht verdecken.

Preisgünstige Städtereisen sind eine zweite Möglichkeit, die eigenen Schiffe zu vermarkten: Oslo, Göteborg, Malmö und Kopenhagen sind attraktiv genug, um Passagiere zu einer Schiffsreise zu animieren. Um auch diesen Gästen ein spannendes Reiseerlebnis bieten zu können, werden die Fährschiffe noch komfortabler, besonders auf längeren Routen.

Gleichzeitig profitieren alle Ostseereedereien von dem Preis- und Steuergefälle zwischen den Ländern: An Bord kann zollfrei eingekauft werden, Deutschland ist für die Skandinavier ein preisgünstiges Einkaufsparadies, und so kombinieren vor allem Schweden und Norweger die Schiffsreise mit einem guten Essen und reichlich Alkohol sowie mit einem Einkaufsbummel durch Kiel oder Lübeck. Die Schiffe auf der Ostsee haben in dieser Phase mit dem klassischen Bild einer Fähre nur noch wenig gemein. Besonders augenfällig ist die Entwicklung zwischen Finnland und Schweden, wo Viking Line und Silja Line sich Ende der 1980er-Jahre ein Wettrennen um das schönste, größte und beste Schiff liefern. Jedes Jahr geben die beiden Konkurrenten mindestens ein neues Schiff in Auftrag. Zwischen Helsinki und Stockholm pendeln zu dieser Zeit die besten Fährschiffe der Welt.

Die SERENADE und die SYMPHONY (1991) von Silja Line verfügen über eine Neuerung, die den Passagierschiffbau revolutioniert: eine fünf Decks hohe Passage, die sich durch nahezu das gesamte Schiff erstreckt. Hier gibt es Shops und Boutiquen für den zollfreien Einkauf, Cafés, Pubs und Restaurants. Das Unterhaltungskonzept geht voll auf: Zwischen den beiden skandinavischen Hauptstädten sind bald mehr Gäste unterwegs, die das abwechslungsreiche Bordleben genießen wollen, als Passagiere, die nur von A nach B gelangen möchten. Die Reedereien haben die Fahrpreise gesenkt, weil sie ihr Geld zu großen Teilen mit den Umsätzen an Bord verdienen.

Die Erfahrungen der Werft Kvaerner Masa Yards (heute: STX Europe) im finnischen Turku, wo die beiden Schwesterschiffe für die Silja Line entstanden, fließen ein in den Bau einer neuen Generation von Kreuzfahrtschiffen: Die Voyager-Klasse der amerikanischen Reederei Royal Caribbean übernimmt das Konzept der Indoor-Passage und verfeinert es. Die Passage bietet neben dem hohen Unterhaltungswert einen weiteren großen Vorteil: Die Zahl der fensterlosen Innenkabinen wird drastisch gesenkt, stattdessen gibt es nun Kabinen mit Blick auf die Passage.

△ Zwischen Tallinn und Helsinki fahren die Fährschiffe in kurzem Takt.

▽ Viking Line fährt von Helsinki über Mariehamn nach Stockholm sowie auf der Route von Helsinki in die estnische Hauptstadt Tallinn.

△ Die MECKLENBURG-VORPOMMERN pendelt zwischen Rostock und Trelleborg. Bis 2012 fuhr sie für Scandlines, dann wurden Route und Schiff an Stena Line verkauft.

PETER LINE
WWW.STPETERLINE.COM
SILJA SYMPHONY

◁ **Helsinki wird auf allen Ostseekreuzfahrten angelaufen. Im Zentrum der finnischen Hauptstadt gibt es nur einen Liegeplatz für Kreuzfahrtschiffe, die übrigen Anleger sind den Fähren nach Stockholm, St. Petersburg und Tallinn vorbehalten.**

Der Beginn des 21. Jahrhunderts bringt für die Ostseereedereien einen Umbruch mit sich. Aufgrund neuer EU-Regeln fällt der zollfreie Verkauf an Bord von Fährschiffen (und auf Flughäfen) im Sommer 1999 weg. Für die Reedereien ist dies ein herber Rückschlag. Die Umsätze in den Bordshops brechen ein, die Passagierzahlen gehen zurück. Das Party- und Unterhaltungskonzept hält sich nur auf Strecken, wo weiterhin zollfrei eingekauft werden kann: zwischen Kiel und Oslo sowie zwischen Schweden und Finnland, wo die Åland-Inseln einen steuerlichen Sonderstatus genießen. Auf allen anderen Routen steigen die Fahrpreise, die zuvor durch die Umsätze an Bord quasi subventioniert wurden. Die Reedereien konzentrieren sich erneut auf das eigentliche Geschäft: den Transport von Personen und Fracht. Technisch bedeutet dies, dass die Fährschiffe wieder spezifisch für die jeweilige Route gebaut werden. So setzt Scandlines zwischen Puttgarden und Rødby seit 1997 vier sehr effektive Doppelendfähren anstelle von sieben konventionellen Fährschiffen ein und reduziert so die Fahrzeit von 60 auf 45 Minuten. Vorbei ist die Zeit des legendären Buffets an Bord, das in den 1970er-Jahren ganze Busgruppen auf die Vogelfluglinie lockte – nur des Essens wegen! Jetzt ist Fast Food auf schnellen Fähren angesagt. Die TT-Line reduziert einerseits die Passagierkapazität an Bord ihrer neuen Flaggschiffe zugunsten von mehr Frachtkapazität, erhöht andererseits aber noch einmal den ohnehin schon guten Standard. So will man sich als bequeme Alternative zur dänischen Autobahn auf dem Weg nach Schweden positionieren.

△ ▷ Mit der COLOR FANTASY haben sich die Maßstäbe in der Fährschifffahrt verschoben. Von Bauart und Ausstattung her handelt es sich um ein Kreuzfahrtschiff, das jedoch von Color Line im Liniendienst zwischen Kiel und Oslo eingesetzt wird. Eine vergleichbare Indoor-Passage gibt es sonst nur auf zwei Silja-Line-Schiffen sowie auf den Megalinern der amerikanischen Kreuzfahrtreederei Royal Caribbean.

In den Billigfliegern entsteht den Reedereien eine neue Konkurrenz. Städtereisen per Fähre wirken altmodisch gegenüber dem schnellen und preiswerten Trip mit Ryanair und Co. Die Antwort von Color Line, der Nachfolge-Reederei von Jahre Line, für die Route Kiel-Oslo ist plausibel: Die Norweger bestellen bei Kvaerner Masa Yards ein Kreuzfahrtschiff mit Autodeck. Bei der COLOR FANTASY handelt es sich um eine Adaption der Voyager-Klasse von Royal Caribbean. Auch von der Ausstattung her hat man sich von den Amerikanern inspirieren lassen. Die Markteinführung im Dezember 2004 gerät zu einem Triumphzug: Zehntausende säumen beim ersten Einlaufen des Schiffes die Ufer der Kieler Förde. Nach nur einem Jahr und über Erwarten guten Buchungszahlen bestellt Color Line ein zweites, baugleiches Schiff in Finnland. Damit wird deutlich, wie sich die Fährbranche in der Ostsee zukünftig entwickeln wird: Einerseits werden rentable Nutzschiffe als Arbeitstiere wie auf der Vogelfluglinie benötigt, andererseits wird man sich auf den Langstrecken gegen die Billigflieger nur behaupten können, wenn ein völlig anderes Reiseerlebnis geboten wird. Und an diesem Punkt nähern sich Kreuzfahrt und Fährschifffahrt wieder an.

Color Line Cruises
COLOR FANTASY

Die Ostsee von Kiel

bis St. Petersburg

◁ Die EUROPA von Hapag Lloyd gehört zu den besten Kreuzfahrtschiffen weltweit. Das Foto zeigt das Fünf-Sterne-Schiff während eines Besuches anlässlich der Kieler Woche im Hafen der Landeshauptstadt.

△ Die Kreuzfahrtreedereien laufen zahlreiche schöne Hafenstädte rund um die Ostsee an. Alle Städte, die in die Buch in einem eigenen Kapitel vorgestellt werden, sind mit einem Fähnchen gekennzeichnet. Die Hauptstädte d jeweiligen Anrainerstaaten sind an einem größeren Punkt zu erkennen.

◁ Nyhavn, der »neue Hafen« von Kopenhagen, eignet sich sowohl mit den flachen Ausflugsbooten als auch zu Fuß am Ufer für eine Sightseeingtour. Wo früher ein mehr oder minder buntes Hafenleben herrschte, sitzen heute Touristen bei einer Tasse Kaffee oder einem dänischen Bier.

Kopenhagen

Die dänische Hauptstadt Kopenhagen wird von zahlreichen internationalen Reedereien als Ein- und Ausstiegshafen für ihre Ostseekreuzfahrten genutzt. Vom Flughafen Kastrup mit seinen weltweiten Verbindungen gelangen die Gäste schnell zu den Schiffen. Es gibt verschiedene Liegeplätze für Kreuzfahrtschiffe: Einige machen an der Langelinie fest, andere liegen im Freihafen nahe der Hafenausfahrt. Während man von der Langelinie auch zu Fuß bequem in die Stadt gelangt, muss man vom Freihafen ein Taxi nehmen, das gut zehn Minuten bis zum Hauptbahnhof benötigt.

Wenn das Schiff an der Langelinie festgemacht hat, ist das Wahrzeichen Kopenhagens ganz nah: die kleine Meerjungfrau. Die meisten Besucher sind erstaunt, wie klein die Statue tatsächlich ist, denn auf Fotos wirkt sie meist größer. 1913 wurde sie von dem Bildhauer Erik Eriksen geschaffen und auf einem Stein im Wasser an der Langelinie aufgestellt. Seitdem ist die unschuldige Plastik vielfachen Angriffen ausgesetzt gewesen. Der 1964 abgesägte Bronzekopf wurde nie wieder gefunden, sogar einen Arm hat man ihr abgetrennt – und doch wurde sie immer wieder restauriert. Nichts von all dem Unbill bemerkt der geneigte Besucher, denn die Plastik, die eine Märchenfigur von Hans Christian Andersen darstellt, schaut so verträumt wie eh und je.

△ Die COSTA ATLANTICA passiert im Abendlicht die schmalste Stelle des Öresunds zwischen dem dänischen Helsingør und dem schwedischen Helsingborg.

△ Wer das Schild als Tourist liest, bleibt stehen und starrt ins trübe Wasser des Kopenhagener Hafens. Zu sehen ist außer der Boje aber nichts. Oder etwa doch?

△ Freizeitboote können in Kopenhagen bis ganz in die Innenstadt wie hier am Nyhavn fahren.

△ Die besten Liegeplätze für Kreuzfahrtschiffe befinden sich an Nordre Toldbod und an der lang gestreckten Langelinie.

△ Die COSTA ATLANTICA verlässt Kopenhagen und passiert die Öresundbrücke und einen Windpark, der sich in seichtem Gewässer neben der Fahrrinne befindet.

△ Schloss Christiansborg ist eines von drei Kopenhagener Schlössern, die mitten in der Stadt liegen.

△ Dänische Gemütlichkeit ist im Stadtbild überall zu sehen, ...

Nahebei befindet sich auch die Zitadelle Frederikshavn, die König Christian IV. ab 1629 zum Schutz der Hauptstadt errichten ließ. Wehrgräben umschließen die Festungsanlage, die unter der Regentschaft seines Sohnes Frederik III. vollendet wurde. Wer hier zu Fuß unterwegs ist, wird vom Zentrum geradezu angezogen, denn Schloss Amalienborg, der Wohnsitz der dänischen Königsfamilie, befindet sich gleich »nebenan«. Zu den am meisten fotografierten Motiven Dänemarks gehören die Wachsoldaten. Schloss Amalienborg hat eine ungewöhnliche Form: Vier palaisartige Gebäude aus dem 18. Jahrhundert gruppieren sich um das Reiterstandbild, das König Frederik V. zeigt. Die Statue des Königs liegt im Schnittpunkt der Straßenachsen, die durch das Schloss führen.

Da es nur noch wenige Schritte bis Nyhavn sind, bummeln die meisten Besucher weiter. Der »neue Hafen« entstand Mitte des 17. Jahrhunderts und war einst ein gefürchteter Rotlichtbezirk, in dem sich Matrosen und Dienstleute handfeste Auseinandersetzungen lieferten. Heute gibt sich die Straße an dem Stichkanal dänisch gemütlich, urige Kneipen wecken Appetit auf ein frisches dänisches Øl – was hier ein Bier meint.

Und mit Nyhavn ist auch schon das nördliche Ende von Strøget erreicht. Kopenhagens Fußgängerzone und der ehemals neue Hafen treffen sich am Kongens Nytorv, dem »neuen Platz des Königs«. Wer aber auf Straßenschildern nach dem »Strøget« Ausschau hält, wird vergeblich suchen – die Kopenhagener nennen ihre Fußgängerzone zwar »der Strich«, doch in Wahrheit trägt die lange Einkaufsstraße mehrere verschiedene Namen. Hier finden sich edle Geschäfte, in denen man typisches Design von Georg Jensen und Porzellan von Royal Copenhagen erstehen kann, neben schlichten Boutiquen und kleinen Tabakläden, wo das Sortiment an dänischen Pfeifen groß ist. Es ist dieses Nebeneinander verschiedenartigster Läden, das Strøget so sympathisch macht.

... ob in der Fußgängerzone △ oder im Stadtteil Christianshavn ▽ mit seinen Kanälen und Freizeitbooten.

▷ Die Börse ist dank ihres spiralförmig gedrehten Turmes im Stadtbild schnell auszumachen.

Am südlichen Ende von Strøget befindet sich der Rathausplatz, der mit einer Ecke bereits an das Tivoli grenzt, den ältesten noch bestehenden Freizeitpark der Welt: 1843 gründete ihn der dänische Journalist Georg Carstensen auf einem vom Militär aufgegebenen Exerzierplatz vor den Toren Kopenhagens. Kaum vorstellbar, dass der acht Hektar große Park einst nicht im Zentrum lag! Von Beginn an verzauberte er mit seiner orientalischen Anmutung. Das Konzept wurde – auch aus Platzgründen – seither beibehalten: kleine Fahrgeschäfte und klassische Jahrmarktsbuden auf der einen Seite, Konzerte weltberühmter Stars und Orchester andererseits. Das Tivoli ist, obwohl die großen Sensationen fehlen, ein starker Publikumsmagnet, weil es einen eigenen Stil entwickelt hat. Wer bis hier zu Fuß durch Kopenhagen gewandert ist, weiß, was er getan hat. Zum Schiff zurück nimmt man sich besser ein Taxi.
Die Sehenswürdigkeiten außerhalb der Innenstadt sind ohnehin besser in organisierten Ausflügen zu erreichen. Dazu gehört sicher ein Besuch der Porzellanmanufaktur Royal Copenhagen, aber auch der schönen Schlösser Seelands. Eine grandiose Lage an der engsten Stelle des Öresunds hat Schloss Kronborg im etwa 50 Kilometer entfernten Helsingør. Die Festung wurde 1574 bis 1585 zum Eintreiben des Sundzolls errichtet. Shakespeare hörte davon und verlegte die Handlung seines 1600 entstandenen Dramas »Hamlet, Prinz von Dänemark« nach »Elsinore«, wie er die Burg nannte – die Shakespeare übrigens nie selbst gesehen hat. Das im Renaissance-Stil errichtete Schloss ist auch vom Schiff aus gut zu sehen, wenn der Sund passiert wird.

◁ Die Nordküste Bornholms beeindruckt mit ihren Felsformationen. Diese heißen Helligdomsklipperne, was so viel wie »heilige Klippen« bedeutet. Ganz in der Nähe befindet sich das architektonisch ungewöhnliche Kunstmuseum der Insel.

Bornholm

Strahlender Sonnenschein, und jeder Liegestuhl an Deck der AIDA CARA ist besetzt. Doch weil eine steife Brise über das Schiff geht, schlummern die meisten Gäste in Decken eingemummelt. Als am Horizont Inseln auftauchen, werden immer mehr Stühle frei. Ferngläser gehen von Hand zu Hand, und man fragt sich, was das wohl sein kann? Eine Durchsage löst das Rätsel: Es sind die Erbseninseln, auf Dänisch »Ertholmene«, die Bornholm vorgelagert sind. Rund zehn Seemeilen nordöstlich des Ortes Gudhjem auf Bornholm liegt diese Ansammlung kleiner Inseln, die damit den östlichsten Punkt Dänemarks bilden.

Die beiden Hauptinseln heißen Christiansø und Frederiksø und sind besiedelt, eine Brücke verbindet sie miteinander. Eine kleine Fähre erhält den Verkehr mit Bornholm aufrecht. Rund 100 Einwohner verteilen sich auf etwa halb so viele Haushalte, sogar eine eigene Schule leistet sich die Inselgruppe. Ab dem 13. Lebensjahr müssen die Schüler aber nach Bornholm zum Unterricht. Vom Schiff aus gut zu erkennen sind die Befestigungsanlagen, die hier ab 1684 errichtet wurden. Sie unterstehen bis heute dem dänischen Verteidigungsministerium, das hier 20 Mitarbeiter beschäftigt.

△ **Die Erbseninseln sind Bornholm vorgelagert und werden bis heute vom dänischen Militär verwaltet. Etwa 100 Menschen wohnen dort ganzjährig.**

◁ **Gudhjem ist ein Dorf an der Ostküste Bornholms. In seinem Hafen legt die kleine Passagierfähre an, die die Verbindung zwischen der Hauptinsel und den Erbseninseln aufrechterhält.**

Als Kreuzfahrtgast hat man kaum eine Gelegenheit, die Erbseninseln zu besuchen, aber zumindest durch das Fernglas bekommt man einen Eindruck von der Inselgruppe, die immer von Fischern und oft von Seeräubern besiedelt war. Auch die im Vergleich große Insel Bornholm wird eher selten von Kreuzfahrtschiffen angelaufen. Die Kaianlagen im Hafen von Rønne sind für große Kreuzfahrtschiffe zu klein. Dass trotzdem ein Aufschwung zu verzeichnen ist, liegt einfach an der zunehmenden Zahl der Kreuzfahrtschiffe auf der Ostsee. Gerade Reedereien mit kleineren Schiffen bemühen sich seit einigen Jahren verstärkt darum, neue, weniger bekannte Häfen anzulaufen. Dazu gehören beispielsweise Umeå in Nordschweden, aber auch Kalmar und Karlskrona an der schwedischen Ostküste. Klaipeda und Riga verzeichnen ebenfalls steigende Zahlen bei den Kreuzfahrtanläufen. In diese Riege aufstrebender Kreuzfahrthäfen gehört auch Bornholm, das den Vorteil hat, dass es sozusagen direkt auf der Route liegt. Alle Schiffe, die, aus dem Finnischen Meerbusen kommend, nach Kopenhagen, Rostock oder Kiel wollen, müssen Bornholm passieren. Da bietet es sich an, einen kurzen Zwischenstopp einzulegen.

▽ **Rundkirchen wie die Ols Kirke sind typisch für Bornholm.**

▷ Hammershus zählt zu den größten Burgruinen Nordeuropas. Mitte des 17. Jahrhunderts wurde die Festung aufgegeben und diente den Inselbewohnern zunächst als Steinbruch.

Bornholm ist 588 Quadratkilometer groß und gehörte immer zu Dänemark. Rund 43 000 Einwohner leben auf der von Landwirtschaft und Fischerei geprägten Insel. Hauptort und Verwaltungssitz ist Rønne, das nicht nur über Fährverbindungen nach Kopenhagen, Sassnitz auf Rügen und Ystad in Südschweden verfügt, sondern auch einen eigenen Flughafen hat. Tägliche Flüge nach Kopenhagen rücken die dänische Hauptstadt näher, obwohl die Distanz zu Schwedens Südzipfel mit nur 37 Kilometern kürzer wäre. Rønne zählt zusammen mit Nexø zu den einzigen Städten Dänemarks, die zum Ende des Zweiten Weltkriegs von russischen Flugzeugen bombardiert wurden. Obwohl der Krieg zu Ende ging, wollte der deutsche Kommandant auf Bornholm nicht kapitulieren, sodass am 7. und 8. Mai 1945 Angriffe auf die beiden Ortschaften geflogen wurden. Im Stadtbild sind die Schäden daran zu erkennen, dass zwischen den zahlreichen gepflegten Fachwerkhäusern nach dem Krieg schlichte Backsteinhäuser entstanden. Auch die schmucken Holzvillen stammen aus dieser Zeit – sie wurden im Rahmen der schwedischen Aufbauhilfe für Bornholm gestiftet.

Markant sind die vier Rundkirchen der Insel, die als Wehrkirchen konzipiert waren und um 1200 entstanden. Die größte steht in Østerlars, die drei anderen befinden sich in Olsker, Nyker und Nylars. Sie zeugen davon, dass die durch den Ostseehandel wohlhabend gewordene Insel sich gegen Angriffe verteidigen musste. Zur Verteidigung Bornholms diente auch die Festung Hammershus, die bereits im 12. Jahrhundert auf einer 74 Meter hohen Klippe über dem Meer an der Nordwestküste der Insel entstand. Über 500 Jahre hielt die Festung stand, doch 1743 wurde sie vom dänischen Militär aufgegeben. Die Ruine gibt bis heute einen guten Eindruck von der einstigen Größe der Anlage, die von einer 750 Meter langen Ringmauer umschlossen war.

Wer einen Überblick über Bornholm bekommen möchte, wählt während der Liegezeit am besten eine Busrundfahrt über die Insel. Als Alternative bietet sich ein Stadtbummel durch die charmante Kleinstadt Rønne an.

▷ Über rund zehn Kilometer Länge erstreckt sich der bis zu 300 Meter breite Strand von Dueodde im Süden von Bornholm. Er ist berühmt für seinen feinen, weißen Sand und wurde bereits 1936 unter Naturschutz gestellt.

▷ Räucherheringe sind eine Bornholmer Spezialität.

▷ Schloss Drottningholm ist seit 1982 Wohnsitz der schwedischen Königsfamilie.

Stockholm

Von allen angelaufenen Häfen rund um die Ostsee hat Stockholm die längste Revierfahrt zu bieten. Rund vier Stunden dauert die Panoramafahrt durch die Inselwelt der schwedischen Hauptstadt. Oft sind die Passagen so eng, dass die Ufer zum Greifen nah wirken. Da die meisten Kreuzfahrtschiffe zwischen acht und neun Uhr morgens im Zentrum festmachen, muss man früh aufstehen, um die stille morgendliche Passage zu erleben. Beim Auslaufen abends bekommt man eine zweite Chance, weil es so lange hell ist. Besonders eng ist es bei Oxdjupet gut eine Stunde nach dem Ablegen und nach rund vier Stunden, wenn Furusund passiert wird.

Die schöne Revierfahrt durch die Inselwelt der Schären wird gekrönt vom Besuch Stockholms, der vielleicht schönsten Hauptstadt der nordischen Länder. Es ist die unvergleichliche Lage auf 14 Inseln, die an der engsten Stelle im Übergang des Sees Mälaren zur Ostsee liegen. Die Stadt wurde nie in einem Krieg zerstört, die wenigen Brüche im Stadtbild stammen allenfalls von unsensiblen Architekten und Stadtplanern.

Die meisten Schiffe machen an Stadsgården oder Masthamnen fest, also dort, wo auch die Linienschiffe von Viking Line und Birka Line ihre Terminals haben. Diese Kais im Stadtteil Södermalm sind auch für große Kreuzfahrtschiffe geeignet – bis zu drei Schiffe können hier gleichzeitig liegen. Der Ausgangspunkt ist günstig, weil die Altstadt bequem zu Fuß zu erreichen ist. Noch besser haben es nur die Gäste der kleinen Kreuzfahrtschiffe, die direkt an Skeppsbron, dem Anleger der Altstadt, festmachen dürfen.

Der erste Stopp aller Ausflugsbusse ist die Fjällgatan, die »Bergstraße«, die auf dem steilen Felsplateau oberhalb der Anleger verläuft. Zu Fuß von Masthamnen aus kommend, liegt sie auf dem Weg in die Innenstadt, wenn man den Anstieg nicht scheut. Als Belohnung wartet eine Panoramaaussicht über Stockholm: Der Blick reicht von Gamla Stan, der Altstadt, zur Linken über die Insel Skeppsholmen mit dem Museum für Moderne Kunst bis zur Insel Djurgården, wo sich das große Freilichtmuseum Skansen und das Vasa-Museum befinden. Ein zweiter Aussichtspunkt folgt am Personenaufzug Katarinahissen, der die hoch gelegenen Straßen bei Slussen mit dem Ufer verbindet.

◁ Die Stadt zwischen den Brücken wird »Gamla Stan« genannt – die Altstadt von Stockholm. Gut zu erkennen aus der Luft sind das Stadshuset im Vordergrund, der halbrunde Reichstag und dahinter das königliche Schloss.

▷ »Rosenbad« heißt der Amtssitz des schwedischen Ministerpräsidenten mitten in der City.

△ An einem Kai der Insel Skeppsholmen reparieren Freiwillige historische Schiffe und machen sie wieder seegängig. Vom Freizeitboot bis zum ausrangierten Schlepper sind zahlreiche Schiffsgattungen vertreten.

Södermalm, von den Einheimischen kurz »Söder« genannt, ist mit der Altstadt über eine Schleuse und eine darüber befindliche Brücke verbunden. Der Verkehrskreisel in Form eines Kleeblatts, der nach der Schleuse »Slussen« heißt, wurde 1935 eingeweiht und begründete Stockholms Ruf als moderne, funktionalistische Metropole. Hat man jedoch die Brücke nach Gamla Stan überquert, fühlt man sich ins 18. Jahrhundert zurückversetzt. Die schmalen, autofreien Gassen der Altstadt folgen seit dem Mittelalter dem selben Verlauf, die Bebauung stammt überwiegend aus dem 18. und 19. Jahrhundert. Trotz der vielen Touristen aus aller Welt ist Gamla Stan ein Stadtteil geblieben, in dem auch Stockholmer Bürger wohnen und arbeiten.

Zwei Achsen durchziehen die Altstadt: Während sich durch die westlich verlaufende Västerlånggatan im Sommer die Touristen dicht an dicht schieben, ist die Österlånggatan ruhiger. Hier haben sich mehrere edle Restaurants und Kunsthandwerker angesiedelt. In die dazwischen liegenden engen Gassen verirrt sich hingegen kaum ein Tourist. Allgemeiner Treffpunkt ist Stora Torget, der große Platz in der Nähe der Storkyrkan, der Hauptkirche Stockholms. In der Altstadt liegt auch noch Tyska Kyrkan, die deutsche Kirche, von deren Turm man einen schönen Blick über die Dächer hat.

Das Schloss dient als Amtssitz des Königs, deshalb können nur Teile besichtigt werden. Sehenswert sind die Leibrüstkammer und die Sammlung königlicher Kutschen im Keller. Von Slottsbacken, dem Schlosshügel, schaut man über die Bucht auf das Nationalmuseum, das eine bedeutende Kunstsammlung beherbergt.

Die Altstadt liegt wie ein Stopfen im Durchfluss des Mälaren zur Ostsee. Wer einkaufen möchte – und das kann man in Stockholm ganz ausgezeichnet –, nimmt die Fußgängerbrücke am Parlament vorbei und erreicht die Fußgängerzone Drottninggatan. Als Alternative bietet sich vom Fuß des Schlosses die Brücke Strömbron an, die am Grand Hotel vorbei zum Platz Kungsträdgården führt. An seinem nördlichen Ende befindet sich das bekannte Kaufhaus NK, die ganz edlen Shops liegen gut 100 Meter weiter in der Biblioteksgatan. Hier treffen sich die Jungen, Schönen und Reichen – tagsüber zum Shopping, abends in den angesagten Bars und Restaurants.

EMERALD PRINCESS
HAMILTON

△ Die EMERALD PRINCESS von Princess Cruises verlässt Stockholm und fährt durch die Schären hinaus in Richtung Ostsee.

△ Das Nationalmuseum ist die zentrale Kunstsammlung Schwedens. Sie beherbergt bedeutende Werke vom 16. bis zum 20. Jahrhundert, darunter Gemälde von Rembrandt, Renoir und Gauguin. Ein Schwerpunkt liegt auf der nordischen Malerei mit Bildern von Carl Larsson und Anders Zorn.

△ Riddarhuset war der Versammlungsort der schwedischen Ritterschaft. Das Palais wurde 1674 erbaut und befindet sich am Rand der Altstadt. Bis heute wird es vom schwedischen Adel für Bälle und Feste genutzt.

△ Das Stadshuset, das zwischen 1911 und 1923 erbaut wurde, ist mit seinem 106 Meter hohen Turm zum Wahrzeichen Stockholms geworden. Es dient nicht nur der Stadtverwaltung als Rathaus, sondern ist auch jedes Jahr Schauplatz des feierlichen Nobel-Banketts.

Stockholms bedeutendste Touristenattraktion ist das Vasa-Museum, übrigens das meistbesuchte Museum Schwedens. Am 10. August 1628 sank das königliche Flaggschiff VASA auf seiner Jungfernfahrt kurz nach dem ersten Ablegen vom Kai. Lange gab der Untergang des prächtig herausgeputzten Kriegsschiffs Rätsel auf. Heute weiß man, dass Konstruktionsfehler und besondere Wünsche von Gustav II. Adolf zu dem Unglück führten: Der König verlangte ein zweites Kanonendeck, das den Schwerpunkt des Schiffes zu sehr nach oben verschob. 333 Jahre später entdeckten Taucher das Wrack in gut erhaltenem Zustand im Stockholmer Hafen. In einer aufwendigen, mehrjährigen Aktion wurde die VASA gehoben und Stück für Stück restauriert. Sie ist weltweit das einzige komplett erhaltene Kriegsschiff aus dem 17. Jahrhundert. Seit 1990 kann sie in ihrem eigenen Museum auf der Insel Djurgården besichtigt werden. Der einfachste und kürzeste Weg zum Museum, vor allem für Kreuzfahrtgäste, führt mit der Personenfähre von Gamla Stan nach Djurgården. Sie legt nahe Slussen ab, und die Fahrt endet am Freizeitpark Gröna Lund. An einigen Museumsschiffen vorbei sind es nur wenige Schritte zum Vasa-Museum.

Auf diesem Weg sind auch das Freilichtmuseum Skansen und die volkskundlichen Sammlungen des Nordiska Museet zu erreichen. Hier kann man sich einen Eindruck vom ländlichen Schweden durch die Jahrhunderte machen. Skansen ist übrigens das älteste Freilichtmuseum der Welt, es wurde bereits 1891 gegründet. 150 Häuser aus ganz Schweden können hier betrachtet werden. Skansen ist in Schweden eine Institution, die Mittsommerfeier im Freilichtmuseum wird alljährlich live im Fernsehen übertragen.

Wer es als Kreuzfahrtgast schafft, an einem Tag einen Rundgang durch die Altstadt zu machen, das Vasa-Museum zu besuchen und durch Skansen zu spazieren, hat bereits viel von Stockholm gesehen. Doch angesichts der großen Zahl interessanter Museen ist ein Tag leider viel zu kurz für die schwedische Hauptstadt.

▷ **Die Liegeplätze der Kreuzfahrtschiffe in Stockholm befinden sich ganz nahe am Zentrum, sodass die Altstadt Gamla Stan einfach zu Fuß zu erreichen ist.**

◁ Stockholm entstand auf 14 Inseln, und daher ist ein Uferstreifen immer in der Nähe. Einen prachtvollen letzten Liegeplatz bekam das königliche Flaggschiff VASA von 1628 im Vasa-Museum auf der Insel Djurgården. Links ist das Nordische Museum zu erkennen, das ethnologische Sammlungen beherbergt.

◁ Deutsche Kaufleute bauten die Marienkirche oben im Hang über der Stadt. Sie ist die einzige mittelalterliche Kirche, die innerhalb der Stadtmauern Visbys erhalten blieb.

Visby

Schon von Weitem sieht man Visby liegen, wenn sich das Schiff der Insel Gotland nähert. In drei Stufen erhebt sich die Stadt aus dem Meer. Hell leuchten die Stadtmauer, die Kirchtürme und einige Giebel mit ihrem fast weißen Stein. Da Gotland ein Kalksteinplateau ist, das im Schnitt 25 Meter aus der Ostsee ragt, liegt die landseitige Stadtmauer deutlich höher als die Seemauer und Visby selbst im Hang zwischen dem Hafen und dem Inselplateau. Der Hafen der Hansezeit wurde zugeschüttet, ein neuer, moderner Fährhafen entstand rund 500 Meter weiter südlich. Für die meisten Kreuzfahrtschiffe ist er jedoch zu klein, sie liegen vor Visby auf Reede, und die Gäste werden mit Tenderbooten an Land gebracht. Gotland sei »annorlunda«, einfach anders als der Rest des Landes, sagen die Schweden. Und sie haben Recht: Nirgendwo sonst im ganzen Norden ist eine Stadt mit einer dreieinhalb Kilometer langen Stadtmauer erhalten. Sie wurde zwischen dem 13. und dem 15. Jahrhundert errichtet, um Visby vor äußeren Feinden, aber auch gegen die reichen Bauern der Insel zu schützen.
44 Türme sowie vier Stadttore stehen noch. Besonders markant sind der östliche und der nördliche Teil der Stadtmauer, weil sie von außen unverbaut sind, sodass auch die alten Wallanlagen erhalten blieben. Kruttornet, der Pulverturm, wurde etwa 1150 gebaut und ist damit das älteste Steingebäude Gotlands.

△ »Raukar« heißen die bizarren Gesteinsformationen an der Küste Gotlands. Wind und Wellen haben das weichere Gestein rundherum ausgewaschen, bis diese teilweise mehrere Meter hohen Skulpturen übrig blieben. Die schönsten findet man auf der kleinen Nachbarinsel Fårö.

△ Das Stadtbild von Visby prägen die Treppengiebel der Hansezeit, die vielen Kirchenruinen und St. Maria. Museal ist Visby trotzdem nicht, sondern im Sommer eine ausgesprochen lebendige Stadt.

◁ Der einsame Norden Gotlands ist geprägt von Kieselstränden auf der Westseite und feinen Sandstränden auf der Ostseite. Die Menschen lebten hier über Jahrhunderte als Fischer-Bauern.

△ Auf Gotland entstanden im ausgehenden Mittelalter 92 große Landkirchen, viele von ihnen prachtvoll verziert. Sie zeugen vom Wohlstand der Bauern. Die Kirche von Gothem ist eines der sehenswerten Gotteshäuser auf der Insel.

△ Auf Gotland leben mehr Schafe als Menschen. Die besonders weiche Wolle des Gotlandschafs wird gern für Strickwaren verwendet. Manche Kunsthandwerker belassen die Wolle in ihrem natürlichen silbrigen Farbton, andere färben die Fasern bunt ein.

△ Visbys Stadtmauer sollte die Hansestadt nicht nur vor äußeren Feinden schützen, sondern auch vor den reichen Bauern Gotlands, die ebenfalls Handel trieben. 44 Türme überragen die gut erhaltene Mauer.

Die Domkirche St. Maria ist die einzig erhaltene von ehemals 17 Kirchen innerhalb der Stadtmauern. Viele von ihnen fielen 1525 einem Überfall der Lübecker auf das seinerzeit unter dänischer Herrschaft stehende Visby zum Opfer. St. Maria war die Kirche der deutschen Kaufleute, deshalb wurde sie verschont. Neun große Kirchenruinen sind heute noch im Stadtbild zu erkennen; sie geben Visby einen verwunschenen Charakter. Andernorts wären die Ruinen vielleicht längst abgerissen worden, doch das reiche Visby war seit der Eroberung durch die Dänen 1361 in eine Art Dornröschenschlaf gefallen. Der wirtschaftliche Höhepunkt war längst überschritten. Der Überfall der Lübecker 1525 besiegelte den Niedergang Visbys. Erst im Zuge der schwedischen Romantik wurde das historische Kleinod im 19. Jahrhundert wieder entdeckt und unter Denkmalschutz gestellt. Seit 1995 befindet sich die komplette Altstadt auf der UNESCO-Liste des Weltkulturerbes.
Gotland ist 3140 Quadratkilometer groß, von der Südspitze bis zum nördlichsten Zipfel der Nachbarinsel Fårö sind es rund 145 Kilometer. Bustouren führen meist in den Norden Gotlands, weil dort die sogenannten Raukar zu bewundern sind. Raukar sind die bizarren, oft meterhohen Gesteinsformationen, die Wind und Wellen am Ufer schufen. Die schönsten stehen auf Fårö, der Schafinsel. Auf dem Weg in den Norden wird meist eine der imposanten Landkirchen Gotlands besucht. Tingstäde mit seinem gewaltigen Galerieturm liegt ebenso auf dem Weg wie die frühgotische Kirche von Lärbro. Sie sind Zeugen des einstigen Reichtums: Kaum vorstellbar, dass es auf Gotland 92 große Landkirchen gibt, die vom 12. bis 14. Jahrhundert entstanden!
Als Baustoff diente Kalkstein, der auf der Insel so reichlich vorkommt, dass er seit der Frühzeit wirtschaftliche Bedeutung erlangte. Davon zeugen nicht nur das Kalksteinmuseum in Bläse, sondern auch die industriellen Anlagen in Slite und Kappelshamn. Trotz dieser Industrieunternehmen ist Gotland bis heute von der Landwirtschaft geprägt – auf der Insel leben mehr Schafe als Menschen. Das Gotlandschaf ist für seine besonders angenehm zu tragende Wolle bekannt, sodass kuschelweiche Felle und Strickwaren als Souvenirs begehrt sind.

◁ Der Park Almedalen vor der Seemauer Visbys diente zur Wikinger- und Hansezeit als Hafen, wurde aber später zugeschüttet, weil er nicht tief genug war. Die Waren konnten so direkt durch das Stadttor zu den Handelshäusern gebracht werden. Der neue Hafen befindet sich etwa 500 Meter südlich des Zentrums.

▷ **Helsinki wurde 1812 vom russischen Zaren zur Hauptstadt seines Großherzogtums Finnland bestimmt. Der deutsche Architekt Carl Ludwig Engel entwarf den 1852 fertiggestellten Dom, der bis heute das Stadtbild dominiert.**

Helsinki

Dass Helsinki immer an der Nahtstelle zwischen Ost und West gelegen hat, ist schon bei der Einfahrt wunderbar zu erkennen – zumindest, wenn die Schiffe in den Südhafen der finnischen Hauptstadt an der Halbinsel Katajanokka einlaufen. Dann kommt neben dem berühmten weißen Dom auch die ähnlich große und imposante Uspenski-Kathedrale in Sicht. Sie entstand 1868 im altrussischen Stil und ist die größte orthodoxe Kirche Nordeuropas. Finnlands Geschichte ist eben geprägt vom Großmachtstreben Schwedens und Russlands, die beide an Finnland interessiert waren. Bis 1808 hatte Finnland rund 500 Jahre zu Schweden gehört, die Hauptstadt hieß auf Schwedisch Åbo und auf Finnisch Turku. Als Finnland nach dem schwedisch-russischen Krieg 1808 unter die Herrschaft des Zaren kam, wurde es russisches Großfürstentum, dem jedoch eine ungewöhnlich große Selbstständigkeit gewährt wurde.
Während der Zugehörigkeit zu Schweden war Finnland von Stockholm aus verwaltet worden, nun bekam das russische Großherzogtum sogar seine eigene Verwaltung, der Senat bestand nur aus Finnen. Was Zar Alexander I. jedoch nicht behagte, war die räumliche Nähe der Hauptstadt Åbo zu Schweden. Deshalb machte er 1812 das kleine, weiter östlich gelegene Helsinki zur Hauptstadt – obwohl dort nur 3500 Einwohner lebten! Der Berliner Architekt Carl Ludwig Engel wurde beauftragt, Helsinki neu zu gestalten und jenen Glanz zu verleihen, der einer Hauptstadt würdig war.

ALEXANDER II
1863

△ Zahlreiche Jugendstilgebäude finden sich in den Straßen der jungen finnischen Hauptstadt. Dieses schöne Gebäude steht an der Uferstraße Merikatu.

△ Die ALBATROS hat in Helsinki festgemacht. Von diesem Liegeplatz aus sind die orthodoxe Uspenski-Kathedrale und der weiße Dom zu Fuß zu erreichen. Die großen Kreuzfahrtschiffe liegen außerhalb des Zentrums.

◁ In der Verlängerung des Prachtboulevards Esplanade liegt der Markt von Helsinki, dessen überbordendes Angebot an Blumen viele ausländische Besucher überrascht.

Die Häuser im Zentrum des alten Helsinki wurden abgerissen und Hügel eingeebnet, um Platz zu schaffen für den großzügigen Senatsplatz, das Herz der jungen Hauptstadt. Das Stadtbild überragt der 1852 fertiggestellte weiße Dom, zu dem breite Stufen hinaufführen. Die umliegenden Gebäude wurden bewusst niedrig gehalten, um sich dem weißen Gotteshaus unterzuordnen: das Regierungspalais an der östlichen Flanke und die Universitätsbibliothek an der Westseite. Übrigens musste auf Wunsch des Zaren auch die einzige Universität des Landes 1828 von Åbo nach Helsinki umziehen. 1863 wurde die Vorherrschaft der schwedischen Sprache beendet, die nur von knapp 15 Prozent der Bevölkerung als Muttersprache gesprochen wurde. Von nun an war Finnisch Amtssprache – auch dies ein Zeichen dafür, dass die russischen Zaren ihrem Großherzogtum einige Freiheiten gewährten. Der schwedische Name Helsingfors verschwand allmählich zugunsten der finnischen Version Helsinki. Für Kreuzfahrtschiffe bietet Helsinki verschiedene Liegeplätze: Kleinere Schiffe liegen neben den Fähren nach Stockholm beim Viking-Line-Anleger mitten im Zentrum, größere an der äußeren Spitze der Halbinsel Katajanokka. Von beiden Liegeplätzen sind es nur wenige Meter zum Marktplatz und Senatsplatz. Nur die größten Schiffe müssen etwas weiter entfernt an der Spitze des Westhafens festmachen, wo sich auch der Helikopter-Flughafen befindet. Von dort gelangt man bequem in weniger als 30 Minuten bis ins Zentrum, wenn man nicht den Linienbus oder den Shuttle-Bus der Reederei in Anspruch nehmen möchte. Der Fußweg am Ufer entlang ist beschaulich, vom ersten Stück durch das Hafengelände einmal abgesehen.

△ Beim Auslaufen passieren die Fährschiffe die imposante Festungsanlage Suomenlinna, die heute Museen, Cafés und Galerien beherbergt.

Yachten und Freizeitboote liegen hier, und der Blick reicht hinaus zu den vorgelagerten Inseln und Schären. Auf zweien liegt die Festung, die 1748 von den Schweden zum Schutz vor russischen Angriffen erbaut worden war. Sie nannten die Anlage »Sveaborg«, die Schwedenburg.

1809 mussten die schwedischen Truppen in der Seefestung vor den russischen Belagerern kapitulieren, die sie im Anschluss weiter ausbauten. Im Krim-Krieg, in dem Finnland an der Seite Russlands kämpfte, griffen Engländer und Franzosen die Festung 1855 an und fügten ihr starke Schäden zu. Mit der Selbstständigkeit Finnlands übernahm die finnische Armee 1918 die Festung und benannte sie in »Suomenlinna«, die Finnenburg, um. Mit dem Ende der militärischen Nutzung 1973 erhielt Suomenlinna neue Aufgaben: Heute ist die architektonisch und kulturgeschichtlich interessante Anlage als Weltkulturerbe durch die UNESCO geschützt. Es besteht ein regelmäßiger Bootsverkehr vom Zentrum aus, die Überfahrt dauert 15 Minuten.

◁ Suomenlinna ist ein beliebtes Ausflugsziel für Einheimische und Touristen. Mit kleinen Passagierfähren fährt man hinaus auf die Inseln.

▷ Warten auf das nächste Fährschiff, das die Verbindung zwischen der Innenstadt Helsinkis und den vorgelagerten Inseln herstellt. Das Signal am Steg zeigt dem Bootsführer an, dass hier Kundschaft auf ihn wartet.

In den ehemaligen Armeegebäuden des weitläufigen Geländes befinden sich Museen, Cafés und Galerien. Besonders spannend ist es übrigens, wenn das Kreuzfahrtschiff durch die sehr enge Passage zwischen den beiden Festungsinseln hindurchfährt, so wie es die Fährschiffe von Silja Line machen.
Zu den Sehenswürdigkeiten, die üblicherweise per Bus aufgesucht werden, gehört die Felsenkirche. Sie repräsentiert auf den Sightseeingtouren das moderne Helsinki, denn sie ist das Ergebnis von insgesamt drei Architekturwettbewerben und wurde 1969 geweiht. Die Kirche wurde in den Fels hineingesprengt und ist von außen unscheinbar. Die Innenwände wurden roh belassen, Licht fällt durch die gläserne Kuppel hinein.
Nicht nur architektonisch bedeutend ist die Finlandia-Halle, die 1971 von dem berühmten finnischen Designer und Architekten Alvar Aalto geschaffen wurde. In dem Kongressflügel fand 1975 die Konferenz für Sicherheit und Zusammenarbeit in Europa (KSZE) statt, auf der erste wichtige Schritte zur Überwindung des Wettrüstens und der Beendigung des Kalten Krieges getan wurden. Die Finnen nutzten einmal mehr ihre Position als Mittler zwischen West und Ost.

PRINSENDAM
ROTTERDAM

△ Hier geht es zu den Fähren nach Stockholm und Tallinn. Helsinki ist einer der wichtigsten Knotenpunkte im östlichen Teil des Mare Balticum. Dass Finnisch durchaus verständlich sein kann, zeigt das wunderbare Wort Autohotelli – es klingt doch viel schöner als das deutsche »Parkhaus«.

Zurück ins Zentrum Helsinkis: Nach einem Spaziergang über die breite Esplanade mit ihren breiten Grünstreifen gelangt man zurück zum Hafen. Treffpunkt von Einheimischen und Touristen ist der Markt direkt am östlichen Ende des Prachtboulevards. Blumen und Backwaren, Fisch und Fleisch, Souvenirs und Strickwaren gibt es hier in einer bunten Mischung. Nebenan steht die Markthalle von 1888, deren Ornamente in roten und gelben Backsteinen gestaltet wurden. Viele Büroangestellte nutzen sie in der Mittagspause, um sich ein Fischgericht zu kaufen und damit auf die Stufen am Hafen zu setzen. Dann versprüht Helsinki eine geradezu mediterrane Atmosphäre.

◁ Die PRINSENDAM der Holland America Line hat am Ende der Halbinsel Katajanokka nahe der Innenstadt festgemacht.

Виват
Санкт-
Петербург!
Coca-Cola

◁ **Der Winterpalast wurde von 1752 bis 1762 erbaut und diente den russischen Zarinnen und Zaren bis zur Oktoberrevolution 1917 als Hauptresidenz. Heute befindet sich im Winterpalast die Eremitage, eine der größten Kunstsammlungen der Welt.**

St. Petersburg

Mit St. Petersburg sind auf einer Ostseekreuzfahrt die meisten Erwartungen verbunden. Sie werden auch nicht enttäuscht, doch muss man gerade im Fall von St. Petersburg konstatieren, dass Kreuzfahrten doch nicht die intensivste Form des Reisens sind: Wie soll solch eine prachtvolle Stadt mit dieser Menge an Sehenswürdigkeiten während der Liegezeit eines Schiffes erschlossen werden? Nicht ohne Grund gibt es eine ganze Reihe von Reedereien, die ihre Schiffe hier zwei Tage Station machen lassen. Hinzu kommt, dass ein Visum für die Einreise benötigt wird: Einzelvisa, die volle Bewegungsfreiheit ermöglichen, müssen langfristig beantragt werden. Deshalb wählen fast alle Kreuzfahrtgäste das einfache Gruppenvisum, das nicht beantragt werden muss, aber den Nachteil hat, dass man sich nicht von seiner Gruppe entfernen darf.

Beim Einlaufen in die Newa, die bei St. Petersburg in mehreren Armen in die Ostsee mündet, kommen zuerst weitläufige Industrie- und Hafenanlagen sowie die wenig schönen Trabantenstädte mit ihren Hochhäusern in Sicht. Kleinere Schiffe können fast bis in das Zentrum fahren, die größeren machen an Berth 33 fest, wo zwischen Altmetall, Schienen und altmodischen Kränen die Ausflugsbusse warten. Bereits am Vortag muss man sich entscheiden, an welchem Landausflug man teilnehmen möchte. Das ist nicht einfach angesichts der Auswahl, die die 1703 von Zar Peter dem Großen gegründete Stadt bietet. Einen guten Überblick verschaffen Touren, die sowohl die Peter-Paul-Festung als auch einen der Paläste und eine Bootstour durch die Kanäle beinhalten.

St. Petersburg wurde planmäßig angelegt, weil Peter der Große den von den Schweden eroberten Küstenstreifen am Ende des Finnischen Meerbusens – den einzigen Zugang des großen Reiches zur Ostsee – langfristig durch eine befestigte Hafenstadt sichern wollte. So liegt der Ursprung der Stadt auf der Haseninsel im Mündungsdelta der Newa, wo der Zar die Peter-Paul-Festung errichten ließ. Inmitten der Befestigungsanlage steht die Peter-Paul-Kathedrale mit ihrem auffälligen goldenen Turm, der mit seinen 122 Metern seit 1703 das höchste Gebäude der (Innen-) Stadt ist. In der Kathedrale liegt unter anderem die Zarenfamilie Romanow begraben. Nicht erschrecken, wenn mittags pünktlich um 12 Uhr von der Bastion mit der Kanone geschossen wird – das ist seit dem 18. Jahrhundert üblich.

Vorbild für St. Petersburgs Stadtbild waren Amsterdam und Venedig. Der Zar beauftragte führende europäische Baumeister, ihm eine Stadt zu schaffen, die es mit allen Hauptstädten der westlichen Welt an Pracht aufnehmen konnte. Schon 1716 waren die ersten Paläste, Parks und Wohnhäuser fertiggestellt, weil zehntausende von Arbeitern und Soldaten unter schlimmsten Bedingungen schuften mussten. Der Zar selbst wohnte während der Bauarbeiten von 1703 bis 1708 in einem einfachen Blockhaus, das erhalten blieb und besucht werden kann.

Das prächtigste und bekannteste Bauwerk ist der Winterpalast, den Elisabeth I. bei dem Baumeister Bartolomeo Rastrelli in Auftrag gab. Er schuf zwischen 1754 und 1762 das lang gestreckte Palais, das den Zarinnen und Zaren als Residenz diente. Es beherbergt die Eremitage, die von Katharina der Großen begründete Kunstsammlung. Mit über zwei Millionen Ausstellungsgegenständen ist die Eremitage eines der größten Museen weltweit. Der Andrang ist so groß, dass häufig längere Wartezeiten in Kauf genommen werden müssen. Besuchergruppen können nur einen kleinen Ausschnitt der riesigen Sammlung sehen.

△ Die Einfahrt in die Newa zum Hafen von St. Petersburg wurde einst von zwei Leuchtfeuern gekennzeichnet. Heute haben die beiden roten Säulen nur noch eine schmückende Funktion.

▷ Das Generalstabsgebäude von 1829 wird von einem doppelten Triumphbogen unterbrochen. Das 580 Meter lange Gebäude rahmt den Schlossplatz auf der dem Winterpalast gegenüberliegenden Seite ein.

△ Die Peter-Paul-Festung ist gut an dem spitzen vergoldeten Turm der Kathedrale zu erkennen. Die Festung auf der Haseninsel bildete die Keimzelle von St. Petersburg.

△ Die ganze Pracht des Winterpalastes erschließt sich am besten vom großen Schlossplatz aus.

▷ Das Jussopow-Palais wirkt wie eine kleinere Ausgabe des Winterpalastes. Die reiche Familie Jussopow ließ sich jeden Raum in einem anderen Stil einrichten. Den Höhepunkt bildet das eigene Rokoko-Theater, das eine Loge nur für die Hausherren besitzt.

So begnügen sich viele damit, den Winterpalast von außen zu bewundern, und auf dem großzügigen Schlossplatz versuchen sie, ein Foto der 47,5 Meter hohen Alexandersäule zu schießen. Die dem Palast gegenüberliegende Seite des Schlossplatzes ist begrenzt von dem monumentalen Generalstabsgebäude, das 1829 fertig gestellt wurde. Seine Front misst 580 Meter und wird von einem Triumphbogen unterbrochen.

Ein Palais, etwas leichter zugänglich als der Winterpalast mit der Eremitage, ist das Jussopow-Palais. Von außen wirkt die Fassade eher unscheinbar, doch der Luxus im Inneren verschlägt den meisten Besuchern die Sprache. Die Jussopows zählten zu den reichsten Familien Russlands und verfügten über sehr enge Verbindungen zur Zarenfamilie. Jeder Raum ist in einem anderen Stil eingerichtet, den Höhepunkt bildet das hauseigene kleine Rokoko-Theater, in dem alles vergoldet zu sein scheint. Geschichte geschrieben wurde in diesem Haus auch: Der einflussreiche Wunderheiler Rasputin wurde 1916 im Jussopow-Palais ermordet. Dass die prachtvolle Einrichtung die Revolutionswirren 1917 überlebt hat, ist dem Umstand zu verdanken, dass der schwedischen Botschaft das Haus zur Nutzung überlassen wurde. Später sollte es erhalten werden, um der Arbeiterklasse ein Beispiel für die Dekadenz des Adels zeigen zu können. Die Aufseherinnen sorgen auch hier dafür, dass keine Gruppe länger als gebührlich in einem Raum verweilt, denn die Qualitäten des Jussopow-Palais als »Winterpalast en miniature« haben sich herumgesprochen.

◁ Die 102 Meter hohe goldene Kuppel der Isaakskathedrale ist weithin in der Stadt zu sehen. Sie zählt zu den größten Kuppelkirchen der Welt.

A 428 CH 98

▷ Der »Eherne Reiter« ist das wohl bekannteste Denkmal in St. Petersburg. Katharina II. ließ es zu Ehren von Peter dem Großen 1782 auf dem Senatsplatz errichten.

Obligatorisch ist ein Stopp an der Isaakskathedrale, die mit ihrer massigen goldenen Kuppel das Stadtbild ebenso prägt wie der spitze hohe Turm der Peter-Paul-Kathedrale. 102 Meter hoch ist die riesige Kuppel, unter der es eine Aussichtsplattform gibt. Die Isaakskathedrale stellte den französischen Baumeister Montferrand vor ungeahnte Probleme: Der morastige Boden musste mit hölzernen Pfeilern so weit gesichert werden, dass er das Fundament überhaupt trug. Ohnehin liegt St. Petersburg sehr niedrig, sodass die Stadt immer wieder überflutet wurde. Auffällig ist auch die Auferstehungskirche, weil sie im Gegensatz zu den übrigen Gebäuden in St. Petersburg im farbenprächtigen altrussischen Stil entstand. Zar Alexander III. ließ sie 1883 an der Stelle erbauen, wo sein Vater zwei Jahre zuvor einem Attentat zum Opfer gefallen war. Sie wird deshalb auch »Erlöserkirche« oder »Blutkirche« genannt.

Dass St. Petersburg mehr als nur die Stadt der Zaren und Hauptstadt Russlands von 1712 bis 1918 war, zeigt der Panzerkreuzer Aurora, dessen Schuss 1917 zur Erstürmung des Winterpalastes führte und damit die Oktoberrevolution auslöste. Die Aurora liegt östlich der Peter-Paul-Festung in einem Arm der Newa. Bis dorthin kommen die flachen Ausflugsschiffe eher selten, sie beschränken sich auf die Kanäle im Zentrum, passieren den Winterpalast, das Marsfeld, das Stroganow-Palais und das Puschkin-Museum. Über 300 Brücken hat St. Petersburg – kein Wunder, dass Peter der Große sich Amsterdam und Venedig als Vorbilder erkor.

◁ Die Auferstehungskirche ließ Zar Alexander III. 1883 an der Stelle erbauen, wo sein Vater zwei Jahre zuvor einem Attentat zum Opfer gefallen war. Deshalb wird sie auch »Erlöserkirche« oder »Blutkirche« genannt.

▷ Als zunächst einziger Hafen Russlands an der Ostsee erlangte St. Petersburg seit der Stadtgründung 1703 eine immense Bedeutung für Handel und Schifffahrt des großen Landes. Ausgedehnte Industrie- und Hafenanlagen säumen die Ufer der Newa-Arme.

▷ Die Altstadt der estnischen Hauptstadt Tallinn ist ein Kleinod. Eine dicke Stadtmauer umschließt das historische Zentrum, das einst als Hansestadt unter dem alten Namen Reval den Handel mit Osteuropa bestimmte.

Tallinn

Bereits von See her ist die Schönheit der estnischen Hauptstadt gut zu erkennen. Auf einem Hügel sind Stadtmauer, Wehrtürme und Kirchen zu sehen. Tallinn, das einstige Reval, war eine bedeutende Hansestadt. Seinen Aufstieg verdankte Reval dem dänischen König Valdemar Atterdag, der das bis dahin im Ostseehandel führende Visby durch seine Einnahme 1361 schwächte – woraufhin Reval den Handel mit Nowgorod im Osten übernahm. Der Dänenkönig profitierte davon jedoch nicht mehr, denn er hatte Dänisch-Estland nach estnischen Aufständen schon 1346 für 19 000 Silbermark an den Deutschen Orden verkauft.

Der Name Tallinn leitet sich von »taani linn« her und bedeutet »Dänenburg«. 1219 hatten die Dänen die estnische Nordküste mitsamt ihrer Hauptburg erobert. Reval wurde 1230 zu Füßen der Burg als Kaufmannsstadt gegründet. Nicht wenige Kaufleute siedelten aus dem gotländischen Visby nach Reval über, das sich um 1280 der Hanse anschloss. Im Laufe der folgenden 100 Jahre wurden die Befestigungsanlagen deutlich erweitert, die Stadtmauer umschloss nun auch die Siedlung und nicht nur die Festung auf dem Hügel. Fertiggestellt war die Stadtmauer mit ihren Türmen aber erst zu Beginn des 16. Jahrhunderts.

Die mittelalterliche Stadtanlage mit der fast vollständig erhaltenen Wehranlage, den Gassen mit ihrem Kopfsteinpflaster und den historischen Gebäuden erinnert stark an Visby, beide Städte sind in ihrer Schönheit durchaus vergleichbar. Der Unterschied liegt in der Größe: Während Visby etwa 25 000 Einwohner zählt, leben in Tallinn über 500 000 Menschen.

△ Die Domkirche wurde 1219 von den Dänen erbaut, aber im Laufe der Jahrhunderte immer wieder umgestaltet. Sie liegt im obersten Teil Tallinns auf dem befestigten Domberg.

▽ Die Türme der Olaikirche, der Heiliggeistkirche und des Rathauses ragen aus dem Dächermeer der Altstadt hervor.

△ **Der Hafen von Tallinn ist seit der neuerlichen Unabhängigkeit 1991 ausgebaut und umgestaltet worden. Bis zu fünf Kreuzfahrtschiffe können gleichzeitig in der estnischen Hauptstadt festmachen, hinzu kommen die Terminals für die zahlreichen Fähren nach Finnland und Schweden.**

Um vom Kreuzfahrtanleger in die Altstadt zu gelangen, benötigt man keinen Bus: Es sind nur ein paar Schritte am Hafen entlang, bis man die Wallanlagen vor sich sieht. Der Hafen zeigt deutlich, wie schnell die estnische Hauptstadt sich seit der Unabhängigkeitserklärung am 20. August 1991 entwickelt hat. Die Fährstrecke zwischen Helsinki und Tallinn zählt zu den aufkommensstärksten Routen der Ostsee, am 2005 eingeweihten Kreuzfahrtanleger können nun auch die größten Kreuzfahrtschiffe der Welt festmachen. Nicht nur der Hafen, die ganze Stadt wirkt überaus proper.

Der Weg führt durch das nördlichste Stadttor, die Strandpforte. Man braucht nur Pikk, der »Langen Straße«, zu folgen, um zum Rathausplatz zu gelangen. Zahlreiche historische Gebäude säumen die Straße, darunter das Schwarzhäupter-Haus, das einer Gilde lediger Kaufleute gehörte.

Den Rathausplatz dominiert das Rathaus, das bereits 1322 entstand, sein späteres Aussehen aber erst nach Erweiterung und Umbau 1402 erhielt. Auffällig ist der schlanke sechseckige Turm. Gegenüber befindet sich die vermutlich älteste Apotheke Europas: 1422 wurde die Ratsapotheke gegründet, die sich ursprünglich aus drei Häusern zusammensetzte, 1663 aber eine gemeinsame, einheitliche Fassade erhielten. Tallinn, das seinen alten Namen offiziell seit 1918 trägt, wirkt von oben betrachtet besonders schön. Zu den beiden Aussichtspunkten der einstigen Burg führt eine steile Gasse hinauf. Von der Kohtuotsa-Terrasse schaut man über das Rathaus zur Nikolaikirche, von der benachbarten Patkul-Terrasse hingegen auf die wehrhafte Stadtmauer mit ihren dicken Türmen – und im Hintergrund blitzen die Schornsteine der Kreuzfahrtschiffe auf.

△ **Pikk bedeutet »Lange Straße«, doch das ist in der kleinen Altstadt von Tallinn ein relativer Begriff.**

△ Die Alexander-Newski-Kathedrale entstand zwischen 1884 und 1900 in einer Phase, als die Zaren versuchten, Estland zu russifizieren. Anders als in Helsinki wirkt der altrussische Stil der orthodoxen Kirche in Tallinn wie ein Fremdkörper.

◁ △ Am neuen Kreuzfahrtanleger im Hafen von Tallinn können die größten Kreuzfahrtschiffe der Welt festmachen. Hier liegen die ARCADIA von P&O und die COSTA ATLANTICA von Costa Crocieres einträchtig nebeneinander. Beide sind knapp 300 Meter lang und bieten über 2000 Gästen Platz an Bord. Mit ihren 15 Decks überragen die Megaliner die Stadtsilhouette.

◁ **Der Dom zu Riga ist eine der drei Stadtkirchen, die das Bild der Altstadt seit Jahrhunderten prägen. Die Grundsteinlegung erfolgte 1211.**

Riga

Die lettische Hauptstadt Riga ist mit über 700 000 Einwohnern die größte Stadt des Baltikums. Wo Tallinn im historischen Stadtkern tagsüber so wirkt, als sei es fest in der Hand der Touristen, wo Klaipeda trotz seiner 180 000 Einwohner einen beinahe kleinstädtischen Eindruck hinterlässt, ist Riga eine pulsierende Hauptstadt, die selbst große Touristenmengen verträgt, ohne ihren Charakter zu verändern. Riga ist der Motor Lettlands, das in seiner gesamten Entwicklung zwar hinter den beiden Nachbarländern Estland und Litauen liegt – doch in Riga spürt man davon wenig. Weite Brücken überspannen die Düna, die auf Lettisch Daugava heißt. Die Brücken begrenzen die Fahrt der Kreuzfahrtschiffe, die Riga anlaufen. Schade, denn das Panorama der Altstadt vom Fluss aus ist großartig: Reste der Stadtmauer, überragt von den Türmen der Kirchen, zeugen von der Macht der einstigen Hansestadt. Zusammen mit Reval, dem heutigen Tallinn, dominierte Riga zu Zeiten der Hanse den östlichen Teil des Mare Balticum.

△ Wo einst die Stadtmauer verlief, trennt heute der Stadtkanal die Altstadt von Riga von der Neustadt.

Und so präsentiert sich Riga innerhalb der historischen Wallanlagen – der Wassergraben ist heute von einem Park gesäumt – als eine Hansestadt, deren historische Substanz durchaus mit der von Rostock, Lübeck oder Bremen vergleichbar ist. Das gesamte Altstadtensemble wurde von der UNESCO als Weltkulturerbe geschützt, der Status ist jedoch durch die dynamische Entwicklung der Großstadt gefährdet.

Das vielleicht schönste Gebäude der Altstadt ist das sogenannte Schwarzhäupterhaus. Ursprünglich im 14. Jahrhundert im Stil der niederländischen Renaissance erbaut, ließen die sowjetischen Machthaber das im Zweiten Weltkrieg zerstörte Gebäude sprengen. Mit der lettischen Selbstständigkeit kam der Wunsch nach einem Wiederaufbau dieses prachtvoll verzierten Gebäudes der Kaufmannschaft auf. Erst 1999 wurde das originalgetreu rekonstruierte Schwarzhäupterhaus fertiggestellt. Die Bruderschaft der Schwarzhäupter wurde von unverheirateten Kaufleuten gebildet, es gab sie nicht nur in Riga. Auch in Tallinn gibt es ein Schwarzhäupterhaus, das allerdings im Stadtbild nicht ganz so prominent ist wie das Rigaer Kaufmannshaus.

▷ Das Schwarzhäupterhaus wurde 1334 erstmals urkundlich erwähnt. Das historische Gebäude fiel dem Zweiten Weltkrieg zum Opfer, die Ruinen wurde 1948 gesprengt. Nach der Selbstständigkeit Lettlands wurde das symbolträchtige Gebäude von 1993 bis 1999 originalgetreu rekonstruiert.

ANNO 1334
ANNO 1999

△ Der Markt der lettischen Hauptstadt ist üppig bestückt.

△ Das Freiheitsdenkmal wurde 1931 bis 1935 erbaut, also während der ersten lettischen Unabhängigkeit. Es überstand die Zeit der Sowjetherrschaft nach dem Zweiten Weltkrieg unbeschadet.

Nicht nur die Kirchen aus dem 13. Jahrhundert und die Häuser der Hansezeit sind prägnante Gebäude, auch der Kultur- und Wissenschaftspalast ist ein Stück Geschichte: Das zunächst nach Stalin genannte 108 Meter hohe Gebäude wurde in den Jahren 1952 bis 1955 im Stil des »Sozialistischen Klassizismus« in unmittelbarer Nähe der Altstadt erbaut. Die Neustadt befindet sich außerhalb des einstigen Festungsrings. Sie ist berühmt für die Jugendstilfassaden; einige sehr schöne Fassaden sind in der Elisabetes iela erhalten.

Zwischen den historischen Zentren von Tallinn und Riga gibt es einen wichtigen Unterschied: Während sich die Altstadt von Tallinn am Abend, wenn die Kreuzfahrtschiffe abgelegt haben, langsam leert, beginnt in Riga das sommerliche Leben erst dann. In Rigas Altstadt sind die Einheimischen unterwegs, auch wenn die Stadt viele Touristen aus den skandinavischen Ländern, aus Großbritannien und Deutschland anzieht. Das Leben spielt sich draußen ab: Kneipen und Restaurant haben Tische auf Straßen und Plätze gestellt, Livemusik wird regelmäßig auf verschiedenen Bühnen gespielt. Riga am Abend, das ist so bunt und lebhaft wie Stockholm oder Kopenhagen. Kreuzfahrtgäste dürfen sich glücklich schätzen, wenn ihr Schiff erst spät abends ablegt.

Aus der Großstadt in die Einsamkeit: Gelegentlich werden Landausflüge in den rund 50 Kilometer entfernten Gauja-Nationalpark angeboten, der sich als bewaldeter Höhenzug aus der Ebene erhebt. Nahe Sigulda liegt die Burg Turaida. Erstmals wurde sie 1214 als hölzerne Befestigungsanlage erwähnt, bewohnt war sie bis zu einem Brand im 18. Jahrhundert. Seit 1953 wird die imposante Burganlage Zug um Zug rekonstruiert und wiederaufgebaut. Umgeben von einer Parkanlage bietet sie von ihren Türmen einen schönen Blick über den Nationalpark und den Fluss Gauja, der sich durch das Tal schlängelt.

◁ Erinnerungen an die Sowjetzeit werden wach: Das Hochhaus der Wissenschaftsakademie wurde von 1952 bis 1958 im Stil des Sozialistischen Klassizismus erbaut.

△ Die Geburtskathedrale in Riga ist die größte orthodoxe Kirche der baltischen Staaten. Sie wurde von 1876 bis 1883 erbaut und 1963 von den sowjetischen Behörden in ein Planetarium umgewandelt. 1992 wurde sie dann erneut geweiht.

◁ Der Hafen Klaipeda ist der nördlichste Ostseehafen, dessen Wasser im Winter nicht zufriert. Die beiden Türme des Amberton-Hotels sind weithin zu sehen.

Klaipeda

Die Einfahrt nach Klaipeda gestaltet sich eher nüchtern. Die flachen Ufer bieten dem Auge von Weitem wenig Halt. An Backbord tauchen allmählich die Kräne und Häuser der Stadt auf, an Steuerbord verlieren sich die Strände der Kurischen Nehrung scheinbar ins Unendliche. Klaipeda, das über Jahrhunderte Memel hieß, liegt an der schmalen Wasserstraße, die das Kurische Haff mit der Ostsee verbindet. Gegenüber der Stadt beginnt – oder endet, je nach Perspektive – die Kurische Nehrung.

Klaipeda ist auf den ersten Blick keine schöne Stadt. Über mehrere Kilometer säumen Hafenanlagen das Ufer, Liegeplätze mit großen, altmodischen Kränen ebenso wie Reparaturwerften und hochmoderne Umschlagplätze für Container. Ganz am Ende, schon im Haff, machen die RoRo-Fähren von DFDS Seaways Baltic fest, die Litauens größten Hafen mit Kiel, Sassnitz und Karlskrona in Schweden verbinden.

△ Heutzutage können die Schiffe nicht mehr in den Fluss Dané einfahren.

Historisch betrachtet war Königsberg, das heutige Kaliningrad, der wichtigste Umschlagplatz für Waren. Memel spielte als Hafenstadt eine untergeordnete Rolle. Seit dem Zusammenbruch der Sowjetunion haben sich die Vorzeichen verkehrt: Klaipedas Hafen ist für Litauens aufstrebende Wirtschaft wichtig, Kaliningrad hat durch die Lage in einer russischen Enklave seine Bedeutung eingebüßt. Betrug die Tiefe der Fahrrinne um 1910 noch lediglich 5,40 Meter, werden heute 11 bis 15 Meter Tiefe erreicht. Die Zahl der Kreuzfahrtschiffe, die Klaipeda anlaufen, ist aber immer noch recht übersichtlich. Die 65 Anläufe im Jahre 2007 wurden bislang noch nicht wieder übertroffen. Rund 35 000 Gäste schauen sich jedes Jahr das frühere Memel an. Seit 2010 wird in die Erneuerung der Kaianlagen und ein neues Passagierterminal investiert. Außerdem wurde die Anbindung in die Altstadt verbessert. Es ist augenfällig, wie sich Klaipeda von Jahr zu Jahr weiterentwickelt und Stück für Stück hübscher macht. Davon profitieren auch die Kreuzfahrtgäste.

▷ Im Handelshafen von Klaipeda liegen zahlreiche Frachtschiffe.

KOVAS

△ **In der Mündung des Flusses Dané machen Freizeitboote fest.**

Der historische Kern Klaipedas lässt sich gut zu Fuß erkunden. Die alten Straßenzüge mit den niedrigen Häusern wurden nach dem Zweiten Weltkrieg liebevoll restauriert. Einige Straßenzüge mit Fachwerkhäusern aus dem 17. bis 19. Jahrhundert haben die beiden Weltkriege überlebt, während die im Zweiten Weltkrieg zerstörten Kirchen nach 1945 abgerissen wurden. Das Viertel südlich des Flüsschens Dane rund um das Stadttheater mit dem Denkmal des »Ännchen von Tharau« davor hat man doch recht schnell durchwandert. So bleibt Zeit für einen kleinen Ausflug auf eigene Faust: An der Flussmündung zwischen dem Kreuzfahrtanleger und der Altstadt legt regelmäßig eine Fähre nur für Fußgänger ab, mit der die Strände der Kurischen Nehrung in wenigen Minuten erreicht sind. Hier erstreckt sich ein weites Naherholungsgebiet. Die Autofähre, die Stadt und Nehrung verbindet, wurde aus der Innenstadt verbannt und verkehrt weiter südlich in Richtung Haff.

▷ **Die kleine Altstadt von Klaipeda erschließt sich schnell auf einem Spaziergang. Alte Speicher am Flussufer, Fachwerkhäuser und Bürgerhäuser aus der Gründerzeit wechseln sich ab.**

MUZIEJUS

△ Nida ist für seine geschnitzten Windspiele bekannt.

△ Zwischen den Holzhäusern blitzt der Leuchtturm von Nida hindurch.

Teile der Kurischen Nehrung sind heute Nationalpark. Die Nehrung ist rund 100 Kilometer lang, die eine Hälfte gehört zum russischen Oblast Kaliningrad, die andere Hälfte zu Litauen. Nida, früher Nidden, liegt auf litauischer Seite kurz vor der Grenze. Wo einst Thomas Mann zur Sommerfrische weilte, ist ein lebhafter Badeort entstanden, an dem sich im Hochsommer litauische Gäste ebenso wohlfühlen wie internationale Touristen. Kiefernwäldchen lockern die Bebauung auf, ein Marsch hinauf auf die bis zu 50 Meter hohen Dünen ist Pflicht für Besucher, allein schon wegen der prächtigen Aussicht über die Ostsee einerseits und das Kurische Haff andererseits. Radikale Baumaßnahmen sind hier nicht möglich, weil die Nehrung unter Naturschutz steht. Auf deutschsprachigen Kreuzfahrtschiffen wird ein Landausflug auf die Nehrung regelmäßig angeboten, manchmal auch auf internationalen Schiffen. Das flache Land rund um das Haff eignet sich zudem hervorragend für Fahrradtouren und ornithologische Beobachtungen – doch solche spezielleren Themen werden für Kreuzfahrtgäste eher selten angeboten.

△ Vor dem Stadttheater steht ein Brunnen mit dem »Ännchen von Tharau«.

◁ Ein Besuch in Nida auf der Kurischen Nehrung sollte nicht fehlen, wenn man das sommerliche Klaipeda besucht.

GDANSK – WESTERPLATTE
MALGORZATA

△ Danzig ist bis heute von Werften geprägt. Eine Fahrt mit dem Ausflugsschiff von der Innenstadt zur Westerplatte führt durch den Industriehafen.

Danzig

Danzig wird nur in Ausnahmefällen von Kreuzfahrtschiffen direkt angelaufen, in der Regel wird das benachbarte Gdynia als Hafen gewählt. Das hat einerseits nautische Gründe, zudem kann Danzig keine passenden Liegeplätze ausweisen. Und so gestaltet sich die Einfahrt in den Industriehafen von Gdynia doch eher prosaisch. Eigentlich wollen 99 Prozent der Gäste ins knapp 30 Kilometer entfernte Danzig, sodass die organisierten Landausflüge gern genutzt werden. Am Kai warten aber stets auch Taxis auf Kundschaft, die eine individuelle Besichtigung Danzigs bevorzugt.

Viele der Taxifahrer in Gdynia sind Lokalpatrioten, und zwischen den beiden Städten besteht eine gewisse Konkurrenz. Es kann also durchaus vorkommen, dass der Taxifahrer am Abend auf der Rückfahrt noch einen (kostenlosen) Schlenker durch Gdynia fährt, um die Schönheiten seiner auf den ersten Blick eher spröden Heimatstadt zu zeigen. Das berühmte Seebad Sopot, das in der Mitte zwischen Gdynia und Danzig liegt, ist ein weiterer möglicher Sightseeing-Stopp.

◁ Am Ufer der Mottlau in Danzig promenieren Einheimische und Touristen von einem historischen Stadttor zum nächsten. Hier zu sehen ist das massive Krantor.

△ Mit dem Bau der Festung Weichselmündung wurde bereits im 15. Jahrhundert begonnen. Mit der Beschießung der Westerplatte unweit der Festung durch das deutsche Linienschiff SCHLESWIG-HOLSTEIN begann am 1. September 1939 der Zweite Weltkrieg.

Im historischen Zentrum von Danzig können alle wichtigen Sehenswürdigkeiten zu Fuß besichtigt werden. Die wechselvolle Geschichte der Stadt, die 997 zum ersten Mal urkundlich erwähnt wurde, spiegelt sich in zahlreichen Gebäuden wider.
300 Jahre war Danzig die Hauptstadt des polnischen Herzogtums Pomerellen, bis der Deutsche Orden 1308 die Herrschaft übernahm. 1454 befreiten sich die Bürger von den deutschen Rittern, die Stadt unterstellte sich dem König von Polen und erhielt im Gegenzug zahlreiche Privilegien. Zur Hanse stieß Danzig erst spät, erstmals nahm man 1361 am Städtetag der Hanse teil, was einem formellen Beitritt entspricht. Slawen und zugewanderte deutsche Kaufleute lebten in Danzig friedlich zusammen, ihr christlicher Glaube einte sie, denn die benachbarten Pruzzen (Preußen) und die Litauer waren überwiegend Heiden. Während die Slawen rund um die Katharinenkirche wohnten – das Gebiet wird heute »Altstadt« genannt –, siedelten die deutschen Kaufleute näher an der Mottlau. Weil hier lübisches Recht herrschte, bekam die Siedlung rund um die Marienkirche den Namen »Rechtstadt«.
Diese beiden Viertel beherbergen die wichtigsten Sehenswürdigkeiten Danzigs. Wenn ein Gebäude mit Danzig gleichgesetzt wird, dann ist es das Krantor an der Mottlau. Einerseits diente das im 14. Jahrhundert errichtete Tor der Stadtverteidigung, andererseits war es in der Lage, bis zu zwei Tonnen schwere Lasten zu heben. Es wurde nicht nur beim Verladen von Schiffsfracht benutzt, sondern aufgrund seiner Zughöhe von 27 Metern auch zum Aufrichten und Setzen von Schiffsmasten. Die erhaltenen Tore an der Mottlau könnten unterschiedlicher kaum sein: Das benachbarte prachtvolle Grüne Tor aus dem 16. Jahrhundert diente als Residenz für hohen Besuch. Es trennt die Mottlau vom Długy Targ, dem

▷ Das im 14. Jahrhundert erbaute Krantor diente nicht nur der Verteidigung der Stadt, sondern auch dem Be- und Entladen der Schiffe.

▷ Der Radaune-Kanal wurde 1338 vom Deutschen Orden angelegt und sollte die Mühlräder von großer und kleiner Mühle sowie von Sägewerken antreiben. Im Hintergrund ist der Turm der Katharinenkirche zu erkennen.

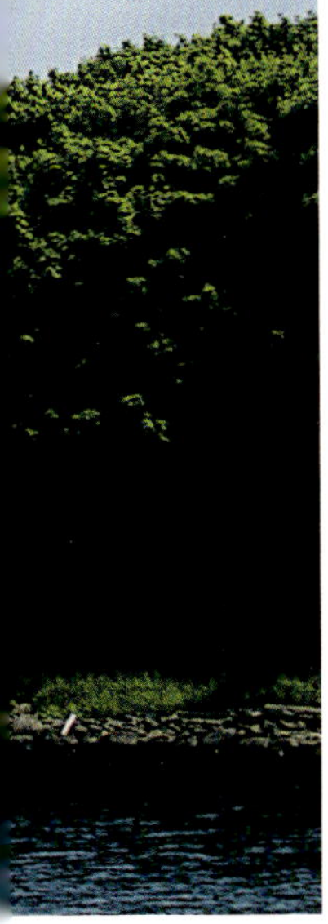

SOŁDEK

◁ **Schwer vorstellbar, dass die historischen Gebäude der Innenstadt Danzigs im Zweiten Weltkrieg fast vollständig zerstört wurden. Polnische Restauratoren bauten alles originalgetreu wieder auf.**

»Langen Markt«, der am Rechtstädtischen Rathaus in die »Lange Straße«, Ulica Długa, übergeht. In der Wahrnehmung des Besuchers wird die von repräsentativen Häusern gesäumte Straße aber nur ein wenig schmaler, bis sie am Goldenen Tor im Westen endet.

Das Rechtstädtische Rathaus – es gibt auch das Altstädtische Rathaus nahe der Katharinenkirche – wurde 1327 erbaut, nach einem Brand 1556 aber umgestaltet. Kaum vorstellbar, dass der gesamte Straßenzug 1945 in Schutt und Asche lag. Die polnischen Restauratoren haben die historischen Häuser in mühsamer Arbeit rekonstruiert und wiederaufgebaut. Das gilt auch für die Ulica Mariacka, die Frauengasse. Sie führt von der Marienkirche zum Frauentor an der Mottlau. Jedes Haus der Gasse hat einen sogenannten Beischlag, einen erhöhten Platz vor dem Eingang. Kunstvolle Drachenköpfe leiten von dieser Terrasse das Regenwasser zur Gasse hinab. Vor beinahe jedem Haus wird

▽ **Das Arsenal zählt zu den schönsten Gebäuden Danzigs. Es entstand im üppigen Stil des holländischen Manierismus Anfang des 17. Jahrhunderts.**

△▽▷ Die AIDA CARA hat im Hafen von Gdynia festgemacht, der von vielen Kreuzfahrtschiffen anstelle von Danzig angelaufen wird. Der Hafen ist von Industrie und Marine geprägt. Die Reederei Stena Line unterhält eine Fährverbindung ins schwedische Karlskrona.

Bernsteinschmuck verkauft – gewisse Zweifel an der Echtheit sind jedoch angebracht, denn echter Bernstein ist rar geworden an den Ostseestränden.
In der Altstadt beeindruckt die Große Mühle von 1350, ein Zeugnis frühindustrieller Produktion. Sie liegt am Radaune-Kanal, der bereits 1338 angelegt wurde. Sein Wasser trieb nicht nur die Mühle, sondern auch Sägen und Schmiedehämmer an. Die Katharinenkirche von 1227 und die Brigittenkirche von 1514 stehen direkt nebeneinander. Letztere wurde berühmt, als sie von den Gewerkschaftsmitgliedern der Solidarność zu Andachten und als Fluchtraum während der Streiks Anfang der 1980er-Jahre genutzt wurde. Das Mahnmal für die damals umgekommenen Werftarbeiter steht an einer Ausfallstraße außerhalb des Zentrums.

◁ Das Rostocker Seebad Warnemünde präsentiert sich von der Wasserseite besonders schön. Die Kreuzfahrtgäste blicken von oben auf den Strand und die Bäderarchitektur.

Rostock

Rostock ist der Sitz von Aida Cruises, die durch die 1996 eingeführten Clubschiffe das Bild der Kreuzfahrt ganz wesentlich verändert haben. Damals reagierten die alteingesessenen Kreuzfahrtreedereien mit Skepsis – ein legeres Clubkonzept auf See erschien ihnen undenkbar. Kreuzfahrt war bis dahin überwiegend vom Traumschiff-Image geprägt – dreimal umziehen am Tag – und im Wesentlichen reichen Pensionären vorbehalten. Dann kam Aida mit einem jungen Konzept, mit Wellness, Fitness und Animation an Bord. Welch ein Traditionsbruch! Der Erfolg hat den Aida-Gründern Recht gegeben: Dass die Zahl der Deutschen, die eine Seereise machen, seit Jahren unaufhörlich steigt, ist ganz wesentlich den Clubschiffen zu verdanken.

Rostock hat als Hafenstadt stark von dem Erfolg der Clubschiffe profitiert. Arbeitsplätze entstanden nicht nur bei Aida Cruises, sondern auch im Umfeld und bei Zulieferern. Viele Ostseekreuzfahrten von Aida Cruises beginnen und enden in Rostock, genauer gesagt in Warnemünde. Hier entstand ein neuer Kreuzfahrt-Terminal mit Glasfront zum Wasser, der direkten Gleisanschluss hat. Das ist besonders wichtig für die internationalen Kreuzfahrtschiffe, die in Rostock in der Mehrzahl sind. Sie nutzen Rostock als »Hafen von Berlin« und setzen Sonderzüge vom Schiff in die deutsche Hauptstadt ein. Der Andrang von großen Kreuzfahrtschiffen ist so stark, dass Rostock zur Saison 2006 einen zweiten, allerdings kleineren Terminal baute.

Die größten Kreuzfahrtschiffe laufen Rostock-Warnemünde an. Sie bringen viele internationale Gäste in die Hansestadt, die oft einen Ausflug nach Berlin machen. Zu sehen sind die AIDA CARA △, die SEVEN SEAS VOYAGER △▷ sowie die beiden Holland-America-Lines-Schiffe WESTERDAM und ROTTERDAM ▷▷.

Die Fährschiffe nach Trelleborg in Schweden, Helsinki in Finnland und Gedser in Dänemark legen vom gegenüberliegenden Ufer der Warnow im Rostocker Überseehafen ab. Sie passieren beim Ein- und Auslaufen die Kreuzfahrtschiffe, die den wohl schönsten Liegeplatz haben, den Rostock bieten kann. Es sind nur wenige Schritte bis in den Ortskern des traditionsreichen Seebades Warnemünde, das sich seit der Wiedervereinigung großartig herausgeputzt hat.

Trotz der schwierigen Ausgangsposition nach der Wiedervereinigung hat Rostock enorm viel erreicht. Zu DDR-Zeiten war die Stadt das »Tor zur Welt«, der einzige Überseehafen der DDR wurde gefördert und ausgebaut. Nach der Wende standen die örtlichen Werften plötzlich im weltweiten Wettbewerb und der Hafen in Konkurrenz zu Lübeck, Kiel, Hamburg und Bremen. Die frühen 1990er-Jahre waren sehr schwierig für Rostock, Schulden und eine hohe Arbeitslosigkeit drückten die Stadt. Zwar sind noch längst nicht alle Probleme gelöst, aber man muss Rostock eine sehr positive Entwicklung bescheinigen.

Der boomende Tourismus in Mecklenburg-Vorpommern sowie die Fährschiff- und die Kreuzfahrtreedereien haben viel beigetragen zum Wiedererstarken der Hansestadt. Ein Spaziergang durch Warnemünde, das bereits seit 1323 zu Rostock gehört, zeigt fein herausgeputzte Bäderarchitektur. Ein natürlicher Treffpunkt ist der alte Leuchtturm, dessen Licht seit über 100 Jahren die Einfahrt der Warnow markiert. An seinem Fuß beginnen die Dünen, die zwischen Stadt und Strand liegen. Beliebt bei Seh-Leuten ist die Mole, an der die dicken Pötte ganz nah vorbeifahren.

Die Rostocker Innenstadt liegt weiter landeinwärts an der Warnow. Um 1161 wird die slawische Siedlung Roztoc erstmals erwähnt, 1218 erhält Rostock Stadtrecht. Knapp 50 Jahre später werden die drei Siedlungen, die heute Altstadt, Mittelstadt und Neustadt heißen, zu einer durch Mauern geschützten Stadt vereint. Teile der Stadtmauer und mehrere Stadttore haben die Luftangriffe des Zweiten Weltkriegs überstanden. Das schönste ist das Kröpeliner Tor, ein 54 Meter hoher Torturm am Ende der Fußgängerzone.

Scandlines
WAR 9

Von den Kirchen der Hansezeit – Rostock trat dem Handelsbund schon früh bei – ist die Marienkirche allein durch ihre Ausmaße und den gedrungenen Turm sehr beeindruckend. Sie beherbergt auch die Astronomische Uhr von 1472, die an Größe und Reichtum der Schnitzereien kaum zu überbieten ist. Vom Wohlstand hanseatischer Kaufleute zeugen das prächtige Kerkhofhaus und das Krahnstöversche Haus. Beide Häuser liegen in der Altstadt hinter dem Rathaus. Von dessen Backsteinfassade aus dem 13. Jahrhundert ist nur noch wenig zu erkennen: Anfang des 18. Jahrhunderts erhielt das Rostocker Rathaus einen barocken Vorbau. Die ersten internationalen Kreuzfahrtschiffe kamen direkt nach der Wende, darunter die legendäre QUEEN ELIZABETH 2.

Natürlich wollten die Rostocker die Gäste in der Stadt und in der Region halten und nicht nur als Hafen für Berlin dienen. So stellte sich die Frage, welche Landausflüge während der Liegezeiten angeboten werden sollten: Neben Rostock mit der Geschichte der Hanse sind Bad Doberan, Kühlungsborn und Heiligendamm, das erste deutsche Seebad überhaupt, Ziele der Bustouren. Auch Rügen wurde trotz der größeren Entfernung und der anfangs schlechten Straßenverhältnisse in die Programme aufgenommen. Kap Arkona und die Kreidefelsen am Königsstuhl sind international bekannt, nicht zuletzt durch die romantischen Gemälde von Caspar David Friedrich. Einige Reedereien wie Aida Cruises unternehmen am Abend vor der Rückkehr nach Rostock eine Panoramafahrt entlang der Küste Rügens. Vom Wasser aus entfalten die Kreidefelsen dann ihre volle Pracht.

◁ **Im kleinen Fischereihafen von Warnemünde werden immer noch Ostseehering und Scholle angelandet, während die Kreuzfahrtschiffe über die Häuser des Ortes hinausragen.**

FALCKENSTEIN
SF
FALCKENSTEIN
KIEL
Stena Line
STENA SCANDINAVICA

◁ **Kiel ist nicht nur für Kreuzfahrtschiffe ein attraktiver Hafen, auch die Fährverbindungen nach Norwegen, Schweden und Litauen sorgen für viele Gäste in der Landeshauptstadt.**

Kiel

Die schleswig-holsteinische Landeshauptstadt ist Deutschlands größter Kreuzfahrthafen. Was die Zahl der jährlichen Anläufe angeht, liegt Kiel knapp vor Rostock. Aber im Unterschied zu Rostock sind es kaum internationale Reedereien, die englischsprachige Gäste nach Kiel bringen. Kiel wird hauptsächlich als Anfangs- und Endpunkt für deutschsprachige Kreuzfahrten genutzt. Drei Liegeplätze bietet die Landeshauptstadt im Zentrum: den Bollhörnkai, den Ostseekai und den Norwegenkai mit seinem großzügigen gläsernen Terminal. Da in Kiel auch die großen Langstreckenfähren von Color Line nach Oslo und von Stena Line nach Göteborg ablegen, bietet sich Schiffsliebhabern am schmalen Ende der Kieler Förde im Sommer oft ein großartiger Anblick mit drei oder mehr Passagierschiffen, die die Dächer der Stadt überragen. Zu den Kreuzfahrtreedereien, die Kiel als Ausgangshafen wählen, gehört das italienische Unternehmen Costa Crocieres, das seit einigen Jahren ein Schiff seiner großen Flotte nur für den deutschsprachigen Markt bereitstellt. Auch der direkte Konkurrent, die italienische Reederei MSC, versucht sich an der Ostsee als Zielgebiet und wählte Kiel als Ausgangshafen.

△ Der Besuch von Hapag-Lloyd-Schiffen zur Kieler Woche hat eine lange Tradition, bereits 1903 besuchte die PRINZESSIN VICTORIA LUISE der Hapag die Kieler Woche. Hier ist es das Fünf-Sterne-Schiff EUROPA, das seinen Gästen einen erstklassigen Blick auf das Segelereignis bietet.

△ **Der einstige Oslokai in Kiel wurde zu einem modernen Kreuzfahrtterminal umgebaut und heißt seitdem Ostseekai. Die mächtige MSC ORCHESTRA prägt die Skyline von Kiel.**

Die Gründe für oder gegen einen Hafen sind vielfältig:
Er muss per Bus, Bahn und Flugzeug gut zu erreichen sein, die nautischen Gegebenheiten müssen stimmen und die Versorgung des Schiffes während der Liegezeit sollte problemlos funktionieren. Obwohl der Kieler Hafen deutlich kleiner ist als Rostock – was den Warenumschlag angeht –, sind doch die zentralen Liegeplätze im Stadtzentrum zusammen mit der Infrastruktur, die für die Fähren vorgehalten wird, ein starkes Plus der Landeshauptstadt.
Touristisch hat Kiel nicht so viel vorzuweisen wie seine deutschen Mitbewerber. Die Stadt wurde im Zweiten Weltkrieg zu 85 Prozent zerstört, weil sie seit 1871 Reichskriegshafen und Standort wichtiger Werften war. Von einer Rekonstruktion wie beispielsweise in Danzig nahm man in Kiel Abstand, sodass die Innenstadt am Westufer der Förde frei von historisch interessanten Gebäuden ist, sieht man einmal von der Nikolaikirche aus dem 13. Jahrhundert ab. Die schönen Seiten zeigt Kiel vor allem am Wasser, denn das Ufer der Förde ist vom Ostseekai bis hinaus in den Ortsteil Wik so ausgebaut, dass man mit dem Fahrrad oder zu Fuß den Blick über das Wasser genießen kann. Die bürgerlichen Villen der Jahrhundertwende sind von der Förde durch einen kleinen Wald, das Düsternbrooker Gehölz, getrennt. Hier entwickelt Kiel einen Charme, den man der im Zentrum so nüchternen Einkaufsstadt kaum zutraut.
International ist Kiel vor allem für zwei Dinge berühmt: den Kiel-Kanal und die Kieler Woche. Was als Kaiser-Wilhelm-Kanal 1895 eröffnet wurde und heute offiziell Nord-Ostsee-Kanal heißt, ist weltweit als Kiel-Kanal bekannt. Eine besondere Attraktion ist es, wenn ein Kreuzfahrtschiff – statt um Jütland herum durch das Skagerrak zu fahren – den Weg von der Elbe zur Ostsee durch den Kanal nimmt. Dann sind die Kanalufer von Schaulustigen gesäumt. Von der Holtenauer Hochbrücke in Kiel kann man von oben auf die großen Schleusenkammern schauen, bevor die Schiffe in Richtung Ostsee verschwinden.

▷ **Das letzte Kreuzfahrtschiff der Saison wird in Kiel traditionell mit einem Feuerwerk verabschiedet. Die Abfahrtszeit des Schiffes wird dafür gern ein wenig nach hinten verlegt, damit Schiff und Feuerwerk in der Dunkelheit besser zur Geltung kommen.**

Die Kieler Woche ist eines der weltweit größten Segelereignisse und fand erstmals 1892 statt. Drumherum entstand ein Volksfest, das sich vor allem am Wasser abspielt. Buden säumen das Fördeufer zwischen Schifffahrtsmuseum und Landtag, mobile Bühnen werden für Konzerte aufgebaut. Große Aufmerksamkeit ziehen die Traditionssegler auf sich, die sich jedes Jahr zur Kieler Woche einfinden. Mit dabei ist oft auch ein Kreuzfahrtschiff von Hapag-Lloyd, das seinen Gästen einen Panoramaplatz inmitten der Segelschiffe bietet. Der Kieler-Woche-Besuch eines Hapag-Schiffes hat eine lange Tradition: Bereits 1903 besuchte das Kreuzfahrtschiff PRINZESSIN VICTORIA LUISE die Kieler Woche.
Beim Auslaufen zeigt sich Kiel von seiner schönsten Seite. Zurück bleiben die Museumsschiffe am Schifffahrtsmuseum, das sich in der ehemaligen Fischauktionshalle von 1910 befindet. An Backbord tauchen Landtag und Ministerien auf, an Steuerbord werden die Kräne der Werft HDW kleiner. Hinter dem Marinehafen kommt die Einfahrt zum Nord-Ostsee-Kanal in Sicht, die Schleusen und die Holtenauer Hochbrücke, während am Ostufer die ehemaligen Fischerorte Mönkeberg und Heikendorf passiert werden. Beim Marine-Ehrenmal von Laboe öffnet sich die See, wird die Förde immer breiter. Nur noch als bunte Punkte sind die Strandkörbe von Laboe zu erkennen. Und vor uns liegt die Ostsee, das Meer der Wikinger und der Hanse, einst beherrscht von Kaufleuten, Königen und Zaren.

Kleine Hilfen für den Kreuzfahrt-alltag auf der Ostsee

Welche Route soll ich wählen?
Die Reisen unterscheiden sich hauptsächlich durch ihre Länge und die Auswahl der angelaufenen Häfen. Die wichtigsten Städte werden auf einer einwöchigen Reise besucht – wer mehr sehen will, findet auch elftägige Reisen in den Katalogen der Reedereien. Wer sich besonders für St. Petersburg interessiert, sollte eine Reise wählen, bei der dort zwei Tage für Landausflüge zur Verfügung stehen.

Welches Schiff soll ich wählen?
Auf der Ostsee sind alle Arten von Kreuzfahrtschiffen vertreten. Die Auswahl reicht von kleinen Schiffen, die bis zu 600 Passagieren Platz bieten, bis hin zu neuen Megalinern, auf denen annähernd 2500 Gäste unterkommen können. Das ist in erster Linie eine Geschmacksfrage. Die kleineren Schiffe können gemütlicher sein, die großen Schiffe bieten hingegen wesentlich mehr Freizeitangebote an Bord. Die kleineren Schiffe können auch selten besuchte Häfen anlaufen, auf den großen sind Wind und Wellen kaum zu spüren. Beide Konzepte haben also ihre Vorteile.

Welche Sprache wird an Bord gesprochen?
Das hängt vom Schiff und der Reederei ab. Es gibt rein deutschsprachige Kreuzfahrten wie beispielsweise bei Aida Cruises, Deilmann, Delphin und Transocean. Auf den internationalen Kreuzfahrtschiffen von Costa Crocieres, MSC oder – besonders luxuriös – bei Silversea Cruises ist in der Regel eine deutschsprachige Gästebetreuerin an Bord, die Ansagen erfolgen mehrsprachig. Auch hier gibt es also selten Sprachprobleme.

Welche Ausgangshäfen sind empfehlenswert?
Die meisten Gäste aus Deutschland gehen entweder in Kiel oder in Rostock an Bord. Beide Häfen haben eine sehr gute Verkehrsanbindung. Kopenhagen ist für die internationalen Reedereien ein wichtiger Hafen und per Flugzeug oder Zug ebenfalls einfach zu erreichen. Bremerhaven und Hamburg werden für Ostseekreuzfahrten eher selten als Ausgangshafen benutzt.

Wie ist das Essen an Bord?
Das Essen ist in aller Regel gut bis sehr gut und vor allem reichlich – darüber braucht man sich also keine Gedanken zu machen. Wichtiger ist die Frage, wie man essen möchte. Soll es lieber Buffet sein, wo man sich selbst das Beste herrauspickt und den Tisch frei wählt? Oder möchten Sie einen festen Sitzplatz haben, an dem ein Auswahlmenü serviert wird? Meistens stehen dann zwei bis drei Alternativen für den Hauptgang zur Wahl. Das Essen ist grundsätzlich »inklusive«, nur auf einigen großen Schiffen stehen zusätzlich Gourmet-Restaurants zur Wahl, die einen Aufpreis kosten.

Mit welchen Nebenkosten muss ich rechnen?
Das hängt von der gewählten Reederei ab. Bei Aida beispielsweise sind Tischgetränke zu den Mahlzeiten inklusive, auf den meisten anderen Schiffen nicht. Für Landausflüge müssen Sie je nach Dauer des Ausflugs und Zielgebiet zwischen 50 und 180 Euro pro Person rechnen. Das kann sich bei sechs bis acht besuchten Häfen summieren. Deshalb ist es sinnvoll, sich vorab zu informieren, wo das Schiff im jeweiligen Hafen liegt und ob man von dort nicht einiges auch selbstständig erkunden kann.
Was Sie auf keinen Fall tun sollten, ist vom Schiff aus (länger) zu telefonieren. Seefunkgespräche sind sehr teuer, übrigens auch per Handy. Es ist viel preiswerter, mit dem eigenen Handy an Land über das dortige Netz zu telefonieren, als die Seefunkanbieter an Bord zu nutzen.